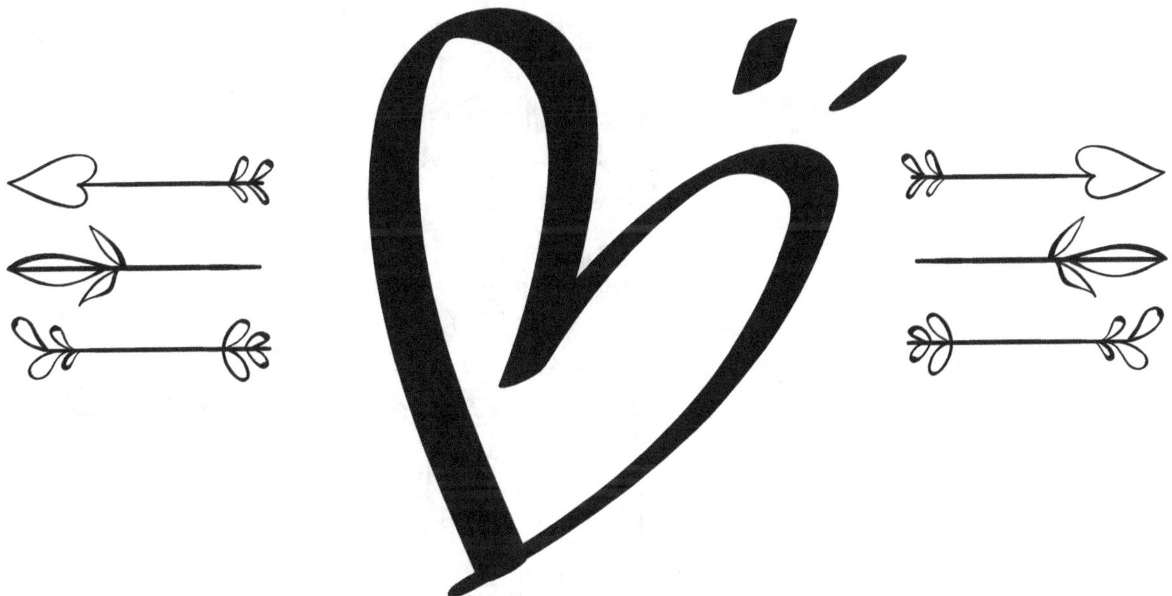

Este Libro

Pertenece a

FARO LIBRO DE COLOREAR

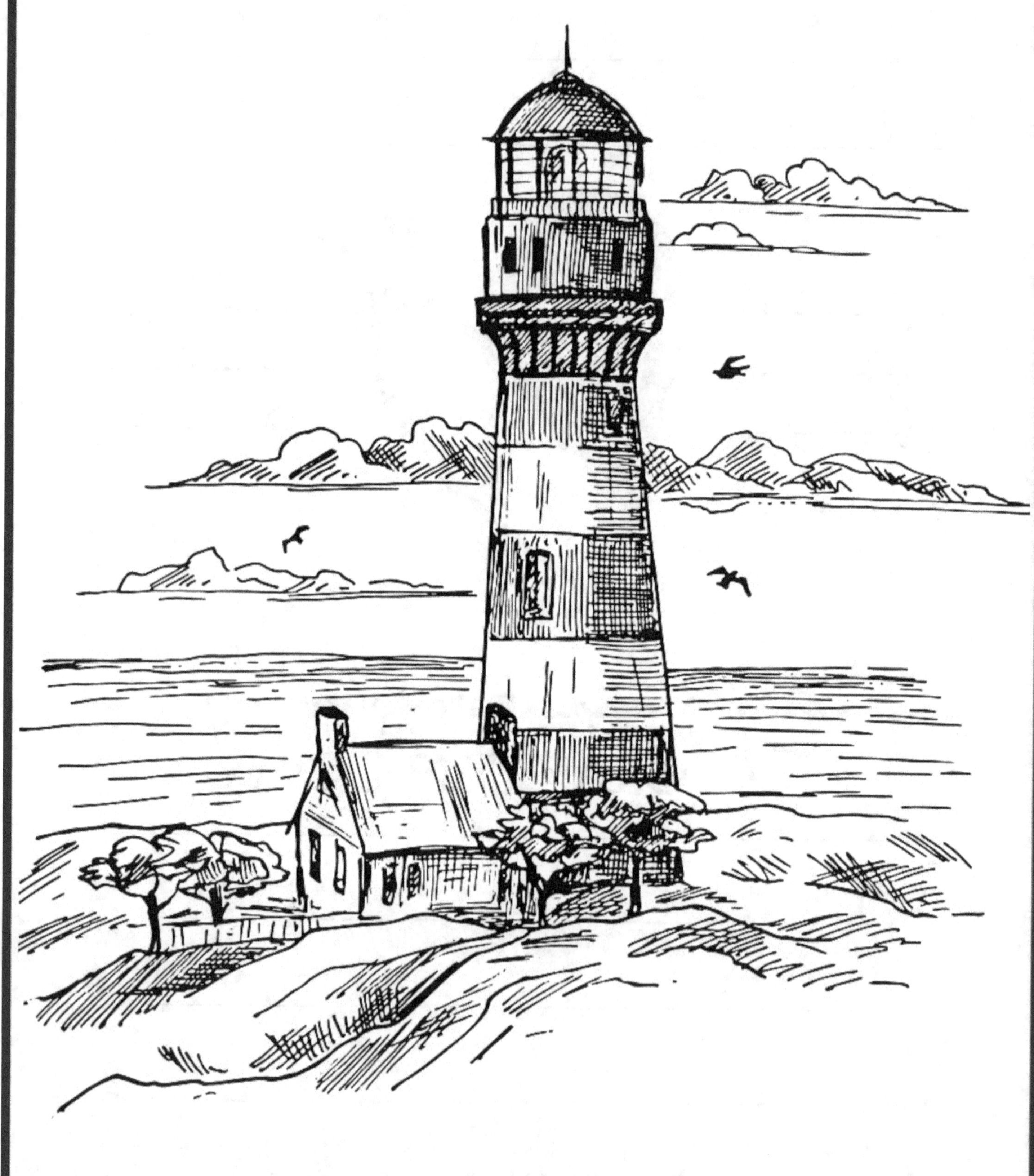

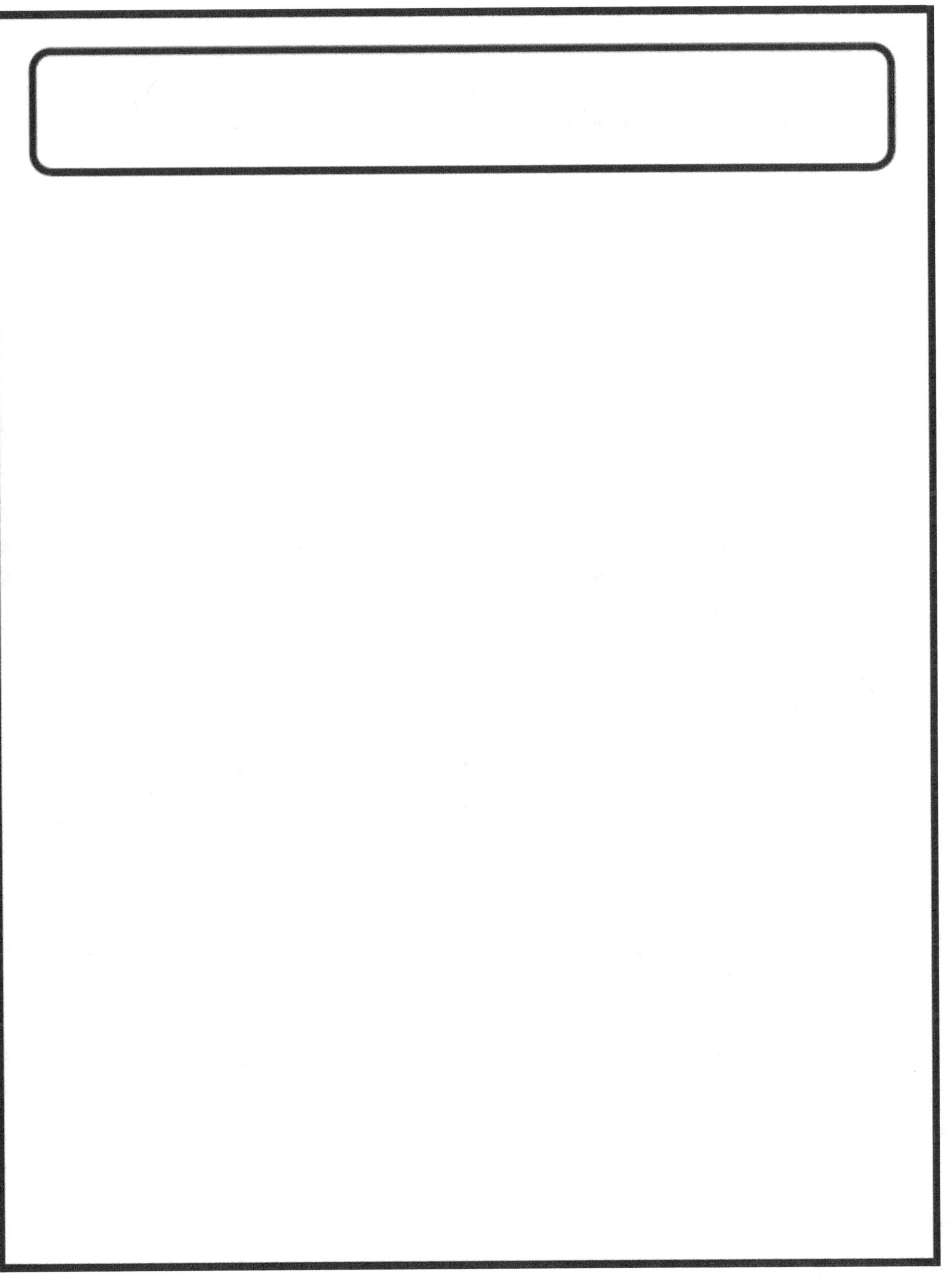

FARO LIBRO DE COLOREAR

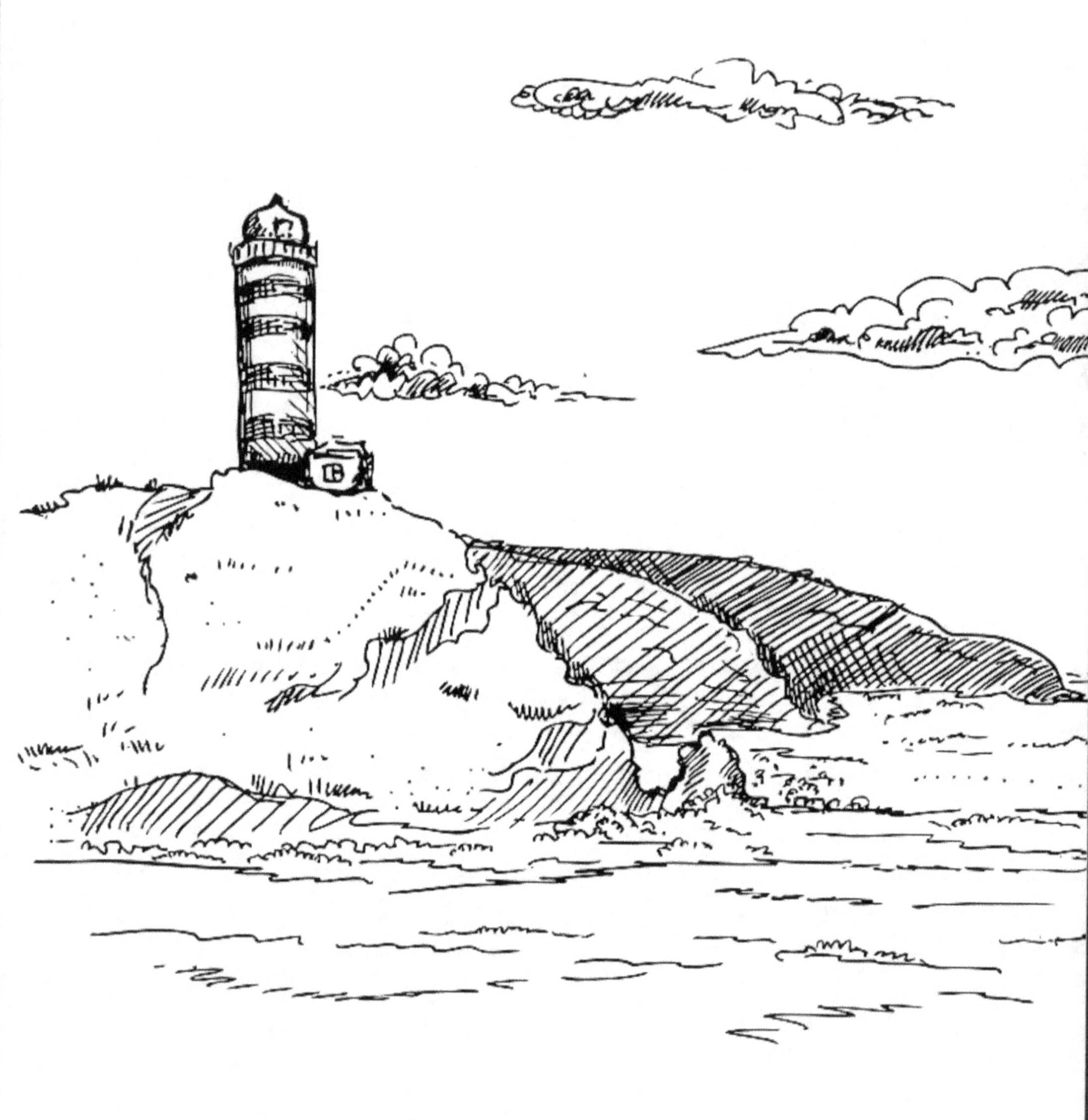

FARO LIBRO DE COLOREAR

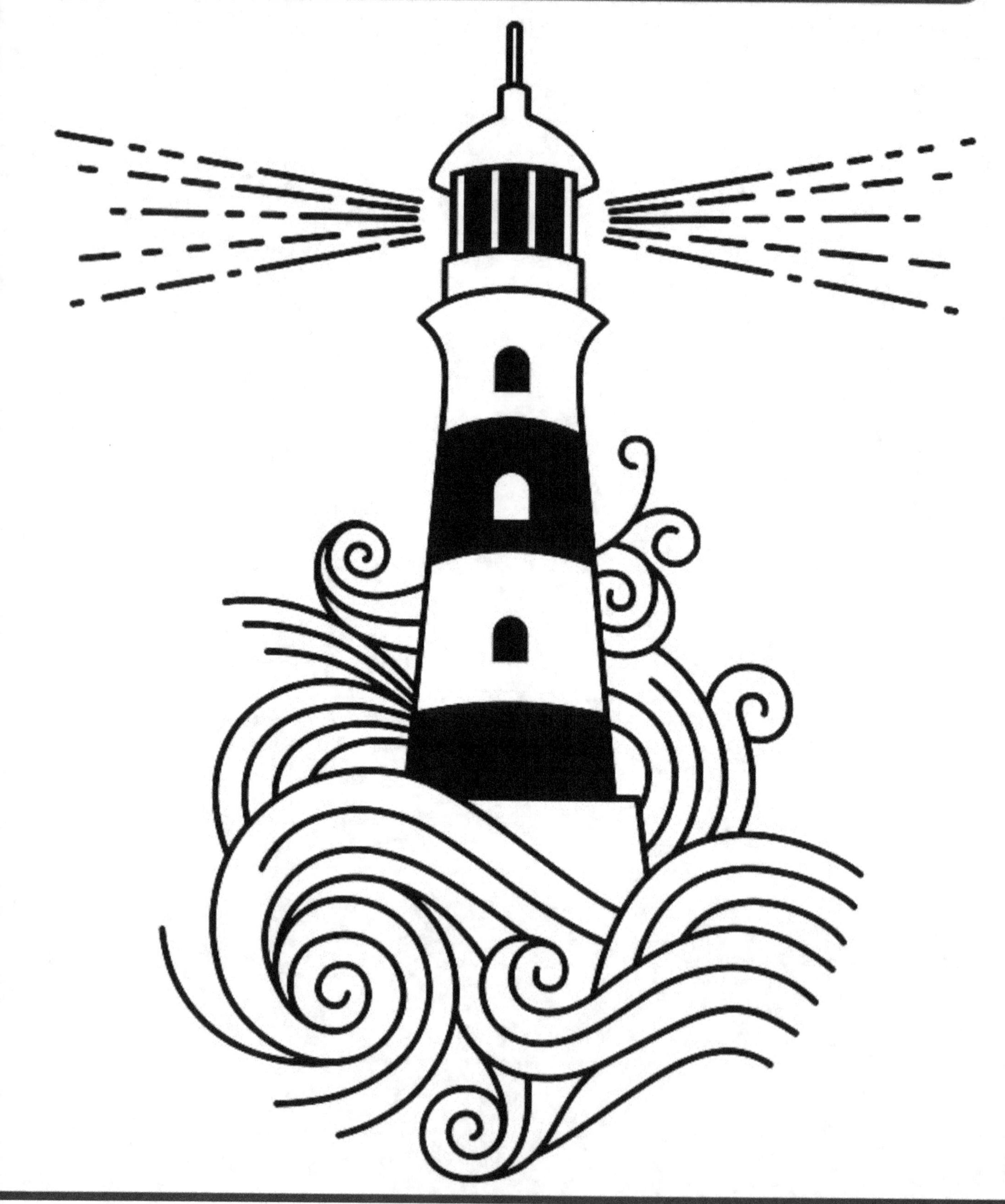

FARO LIBRO DE COLOREAR

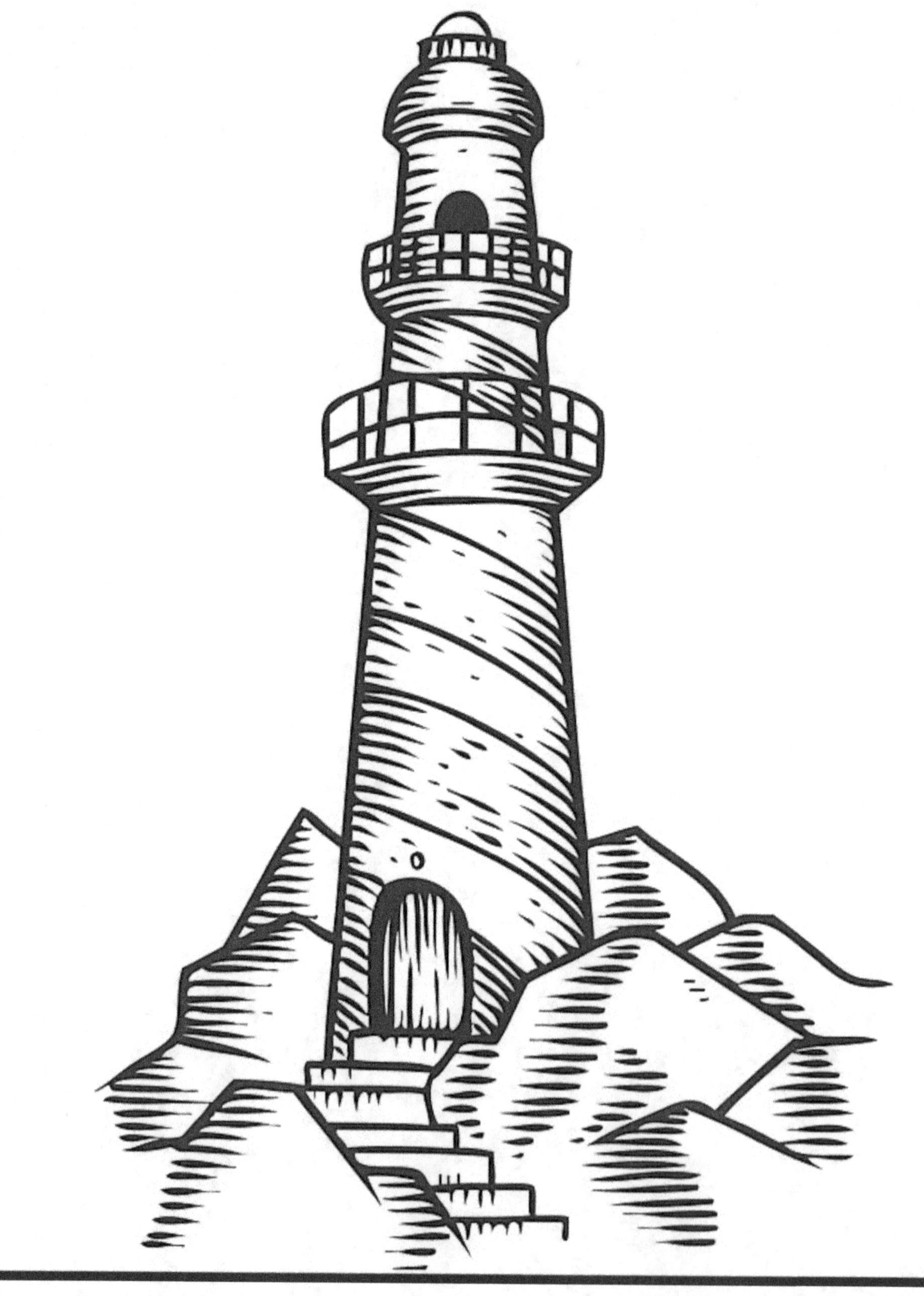

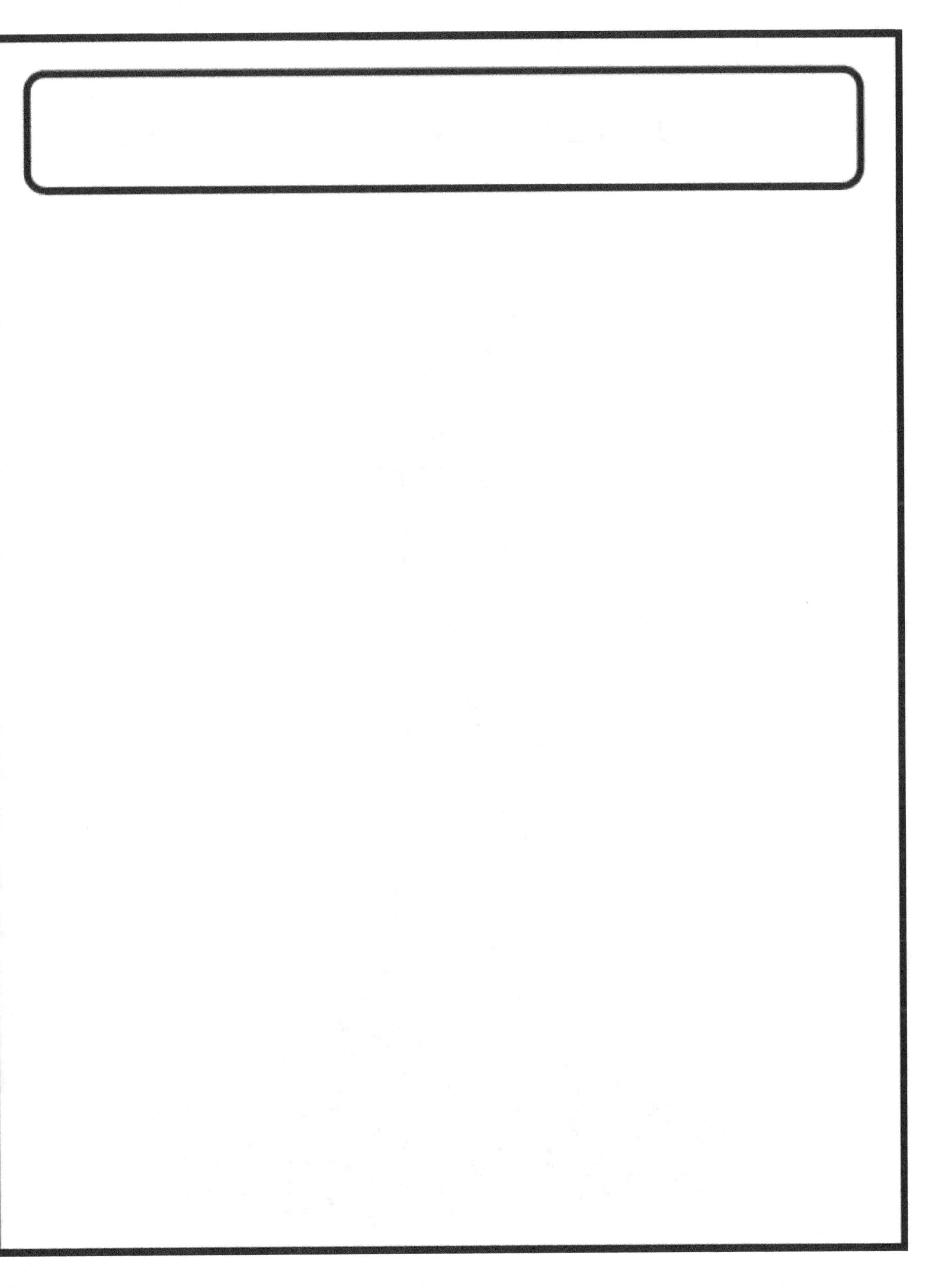

FARO LIBRO DE COLOREAR

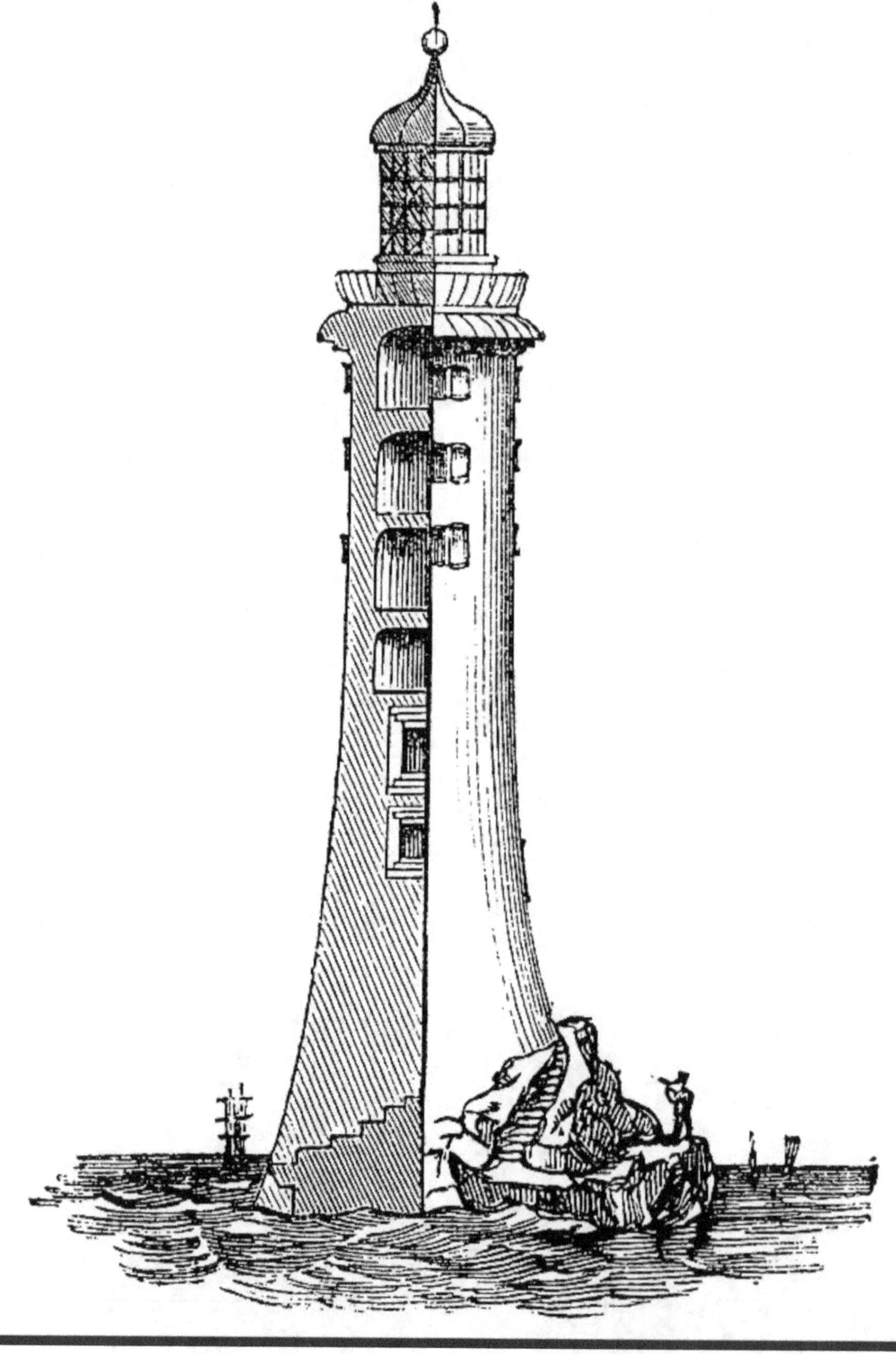

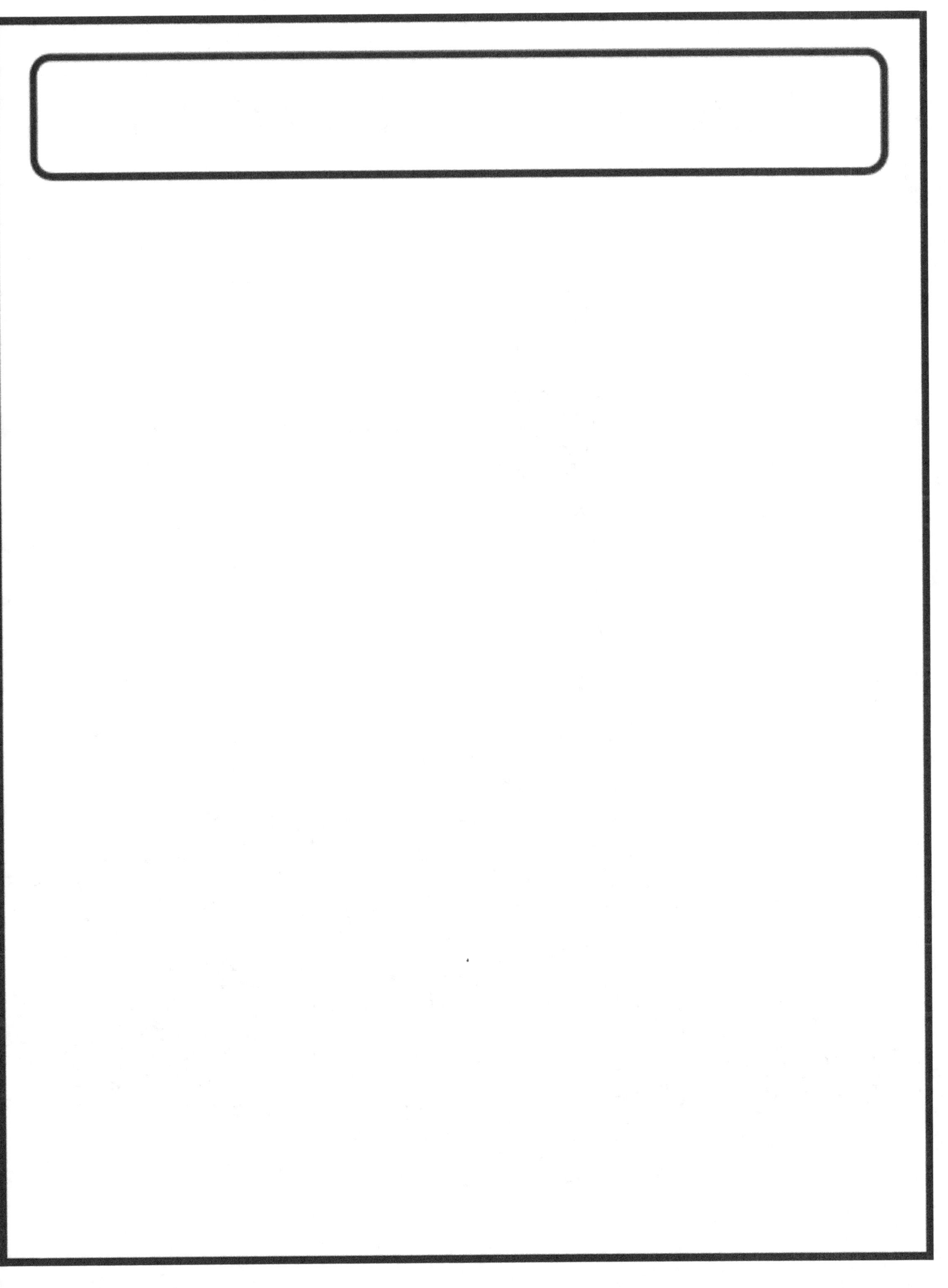

FARO LIBRO DE COLOREAR

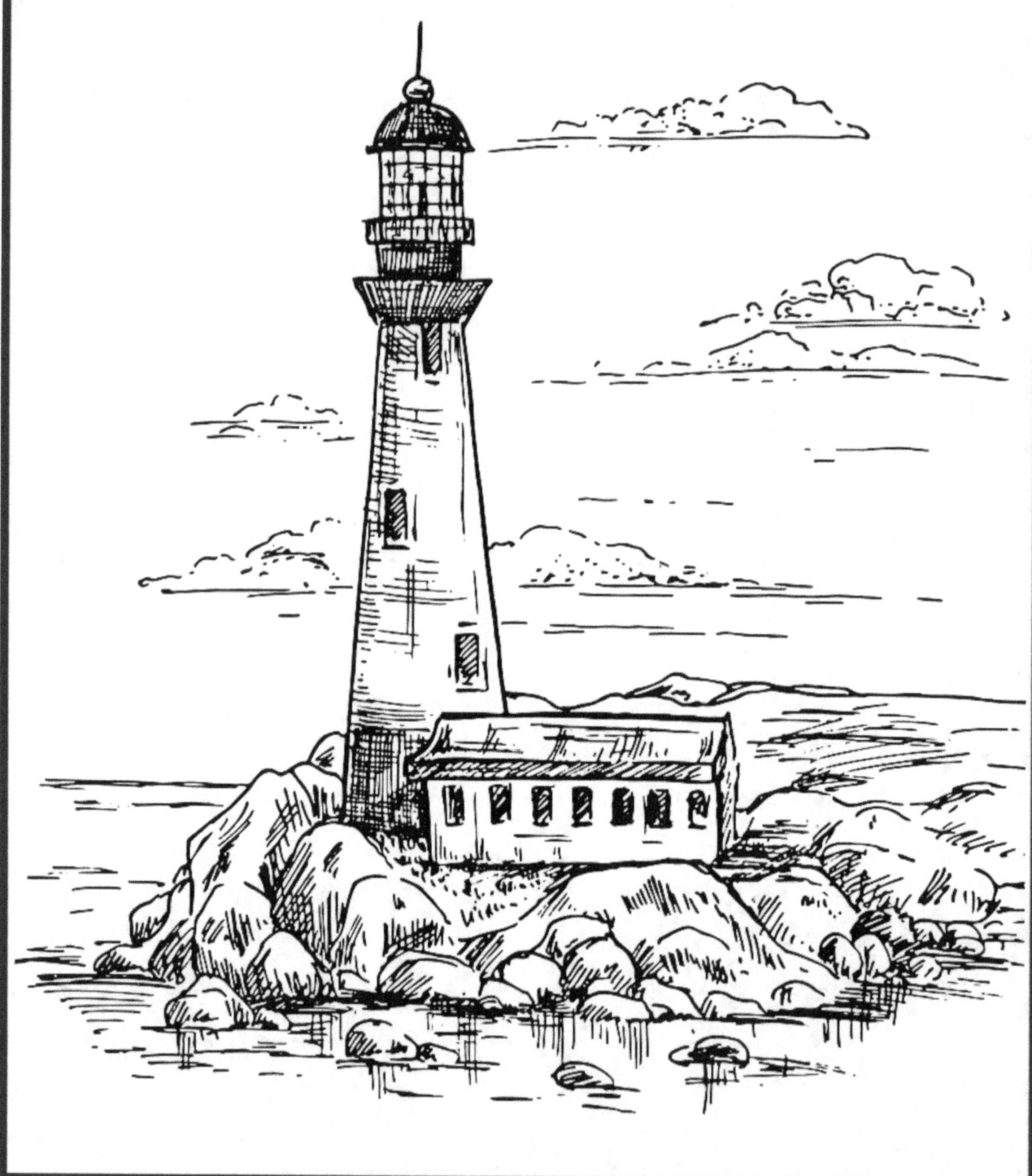

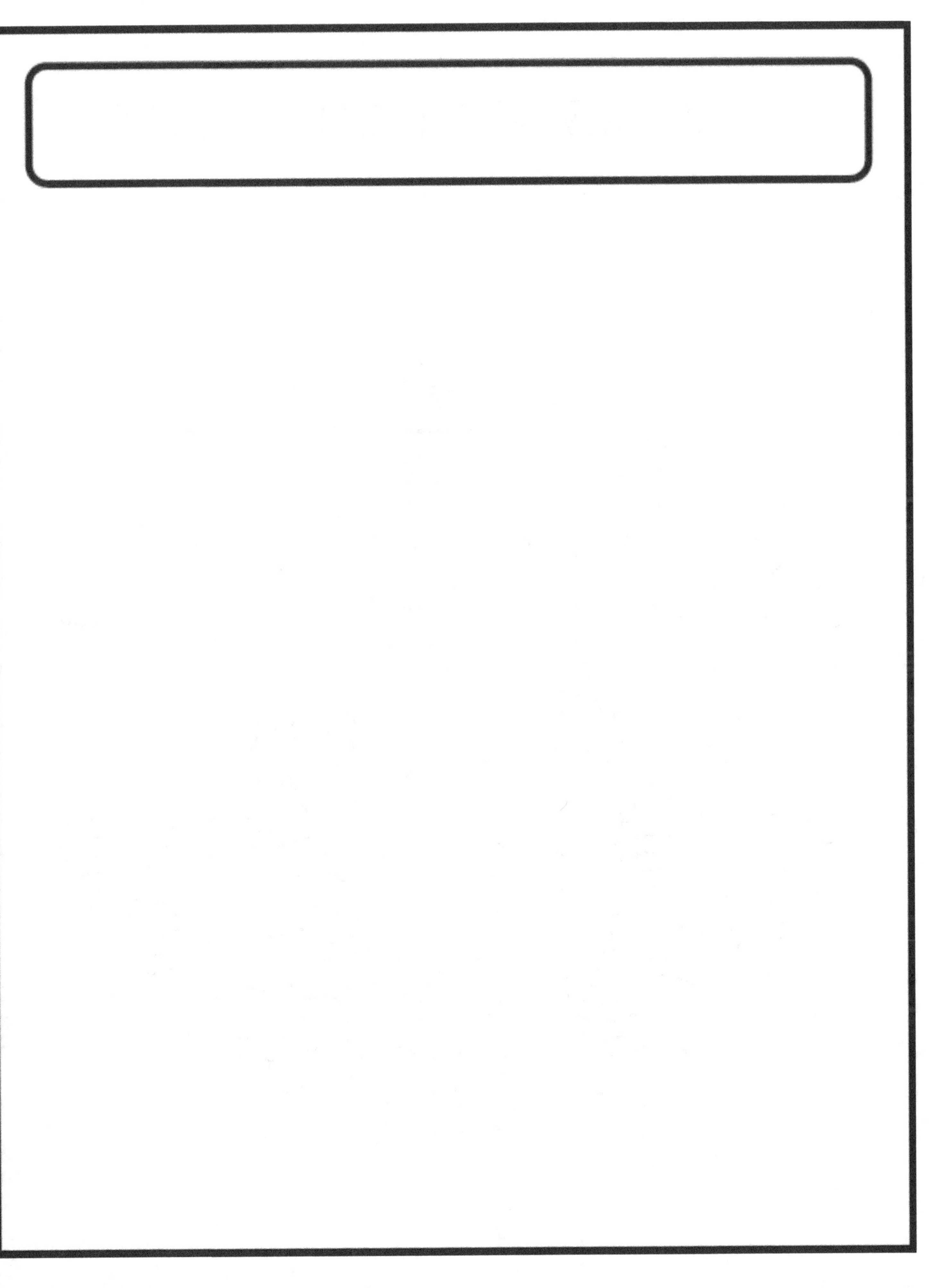

FARO LIBRO DE COLOREAR

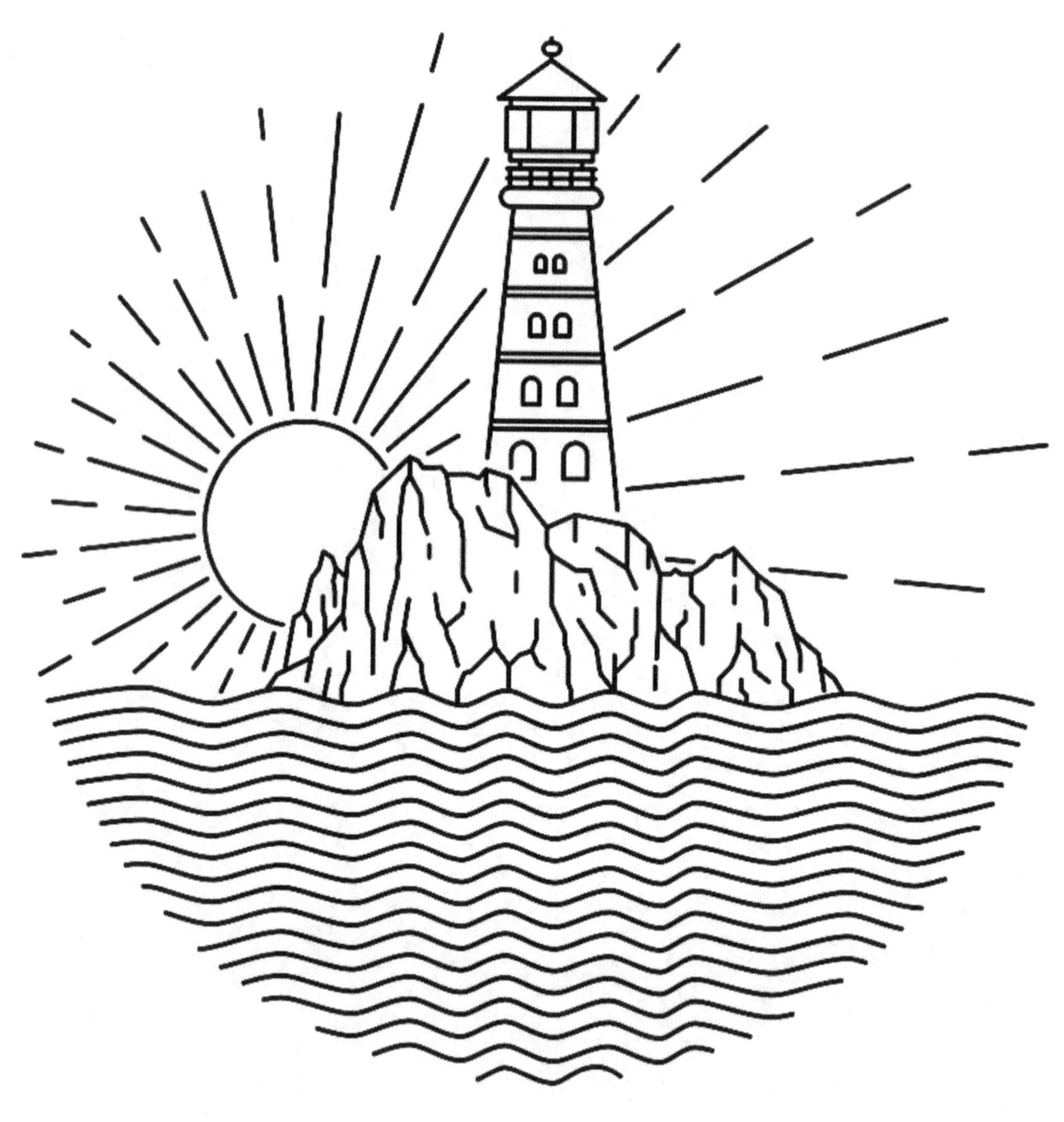

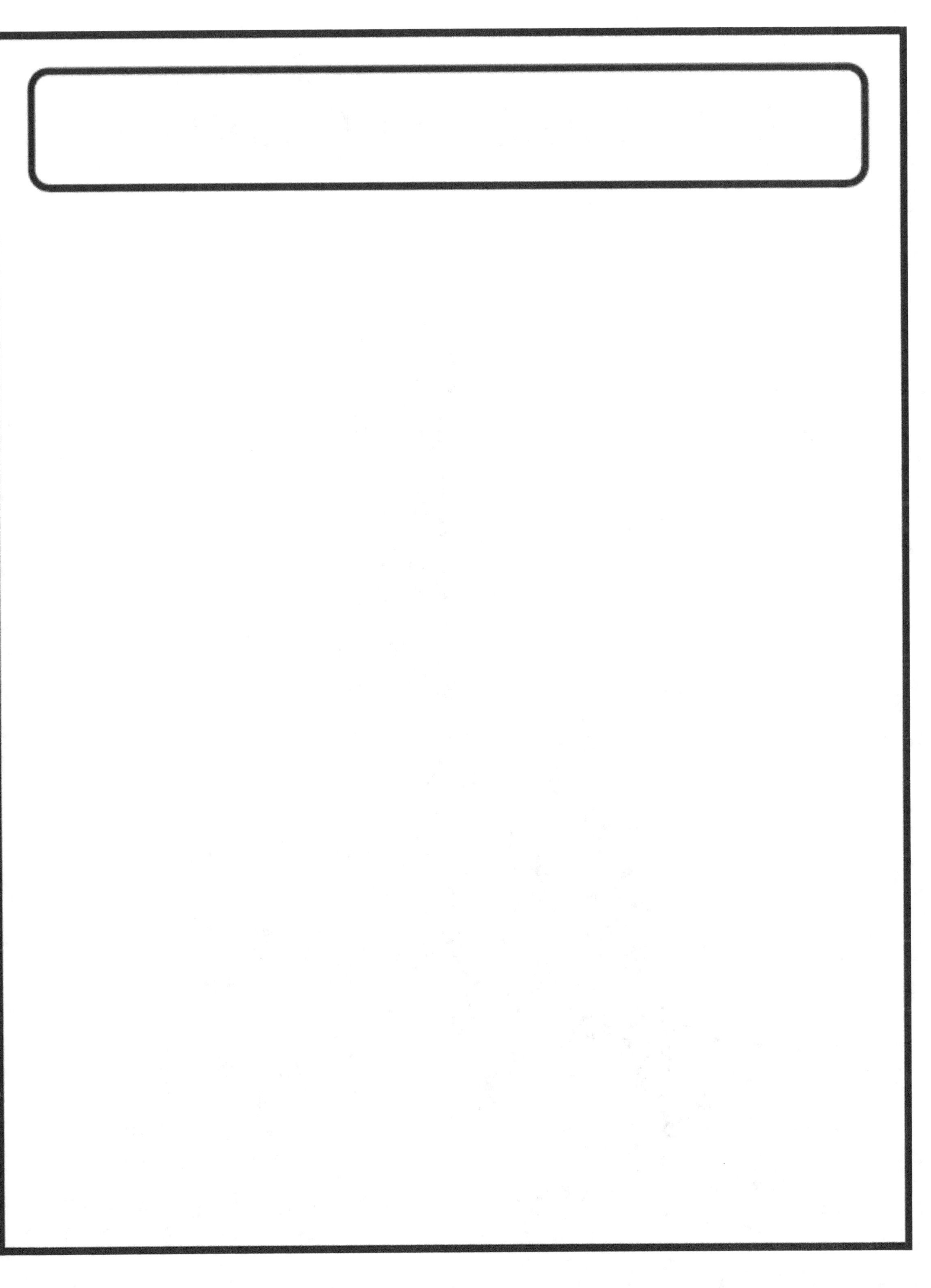

FARO LIBRO DE COLOREAR

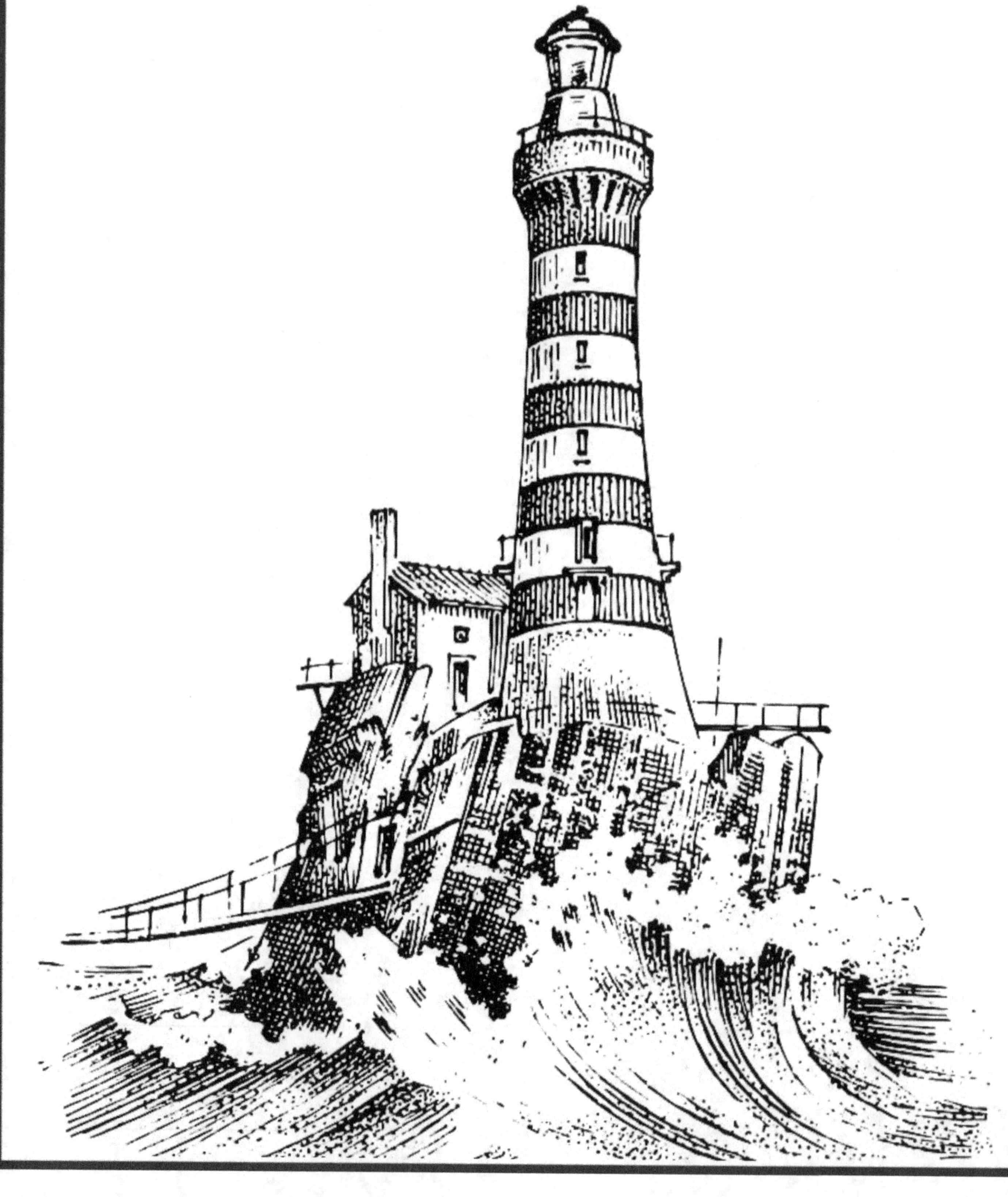

FARO LIBRO DE COLOREAR

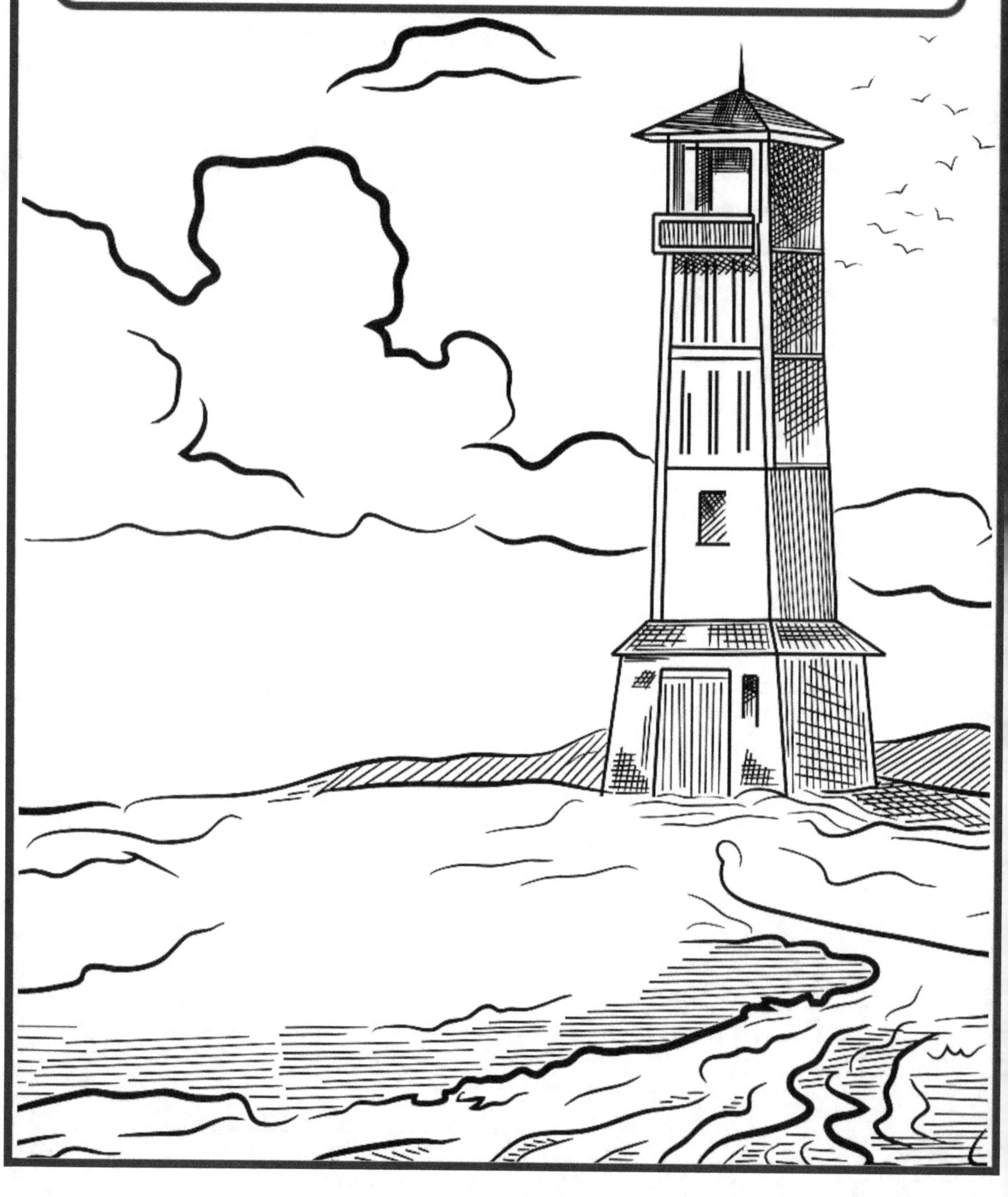

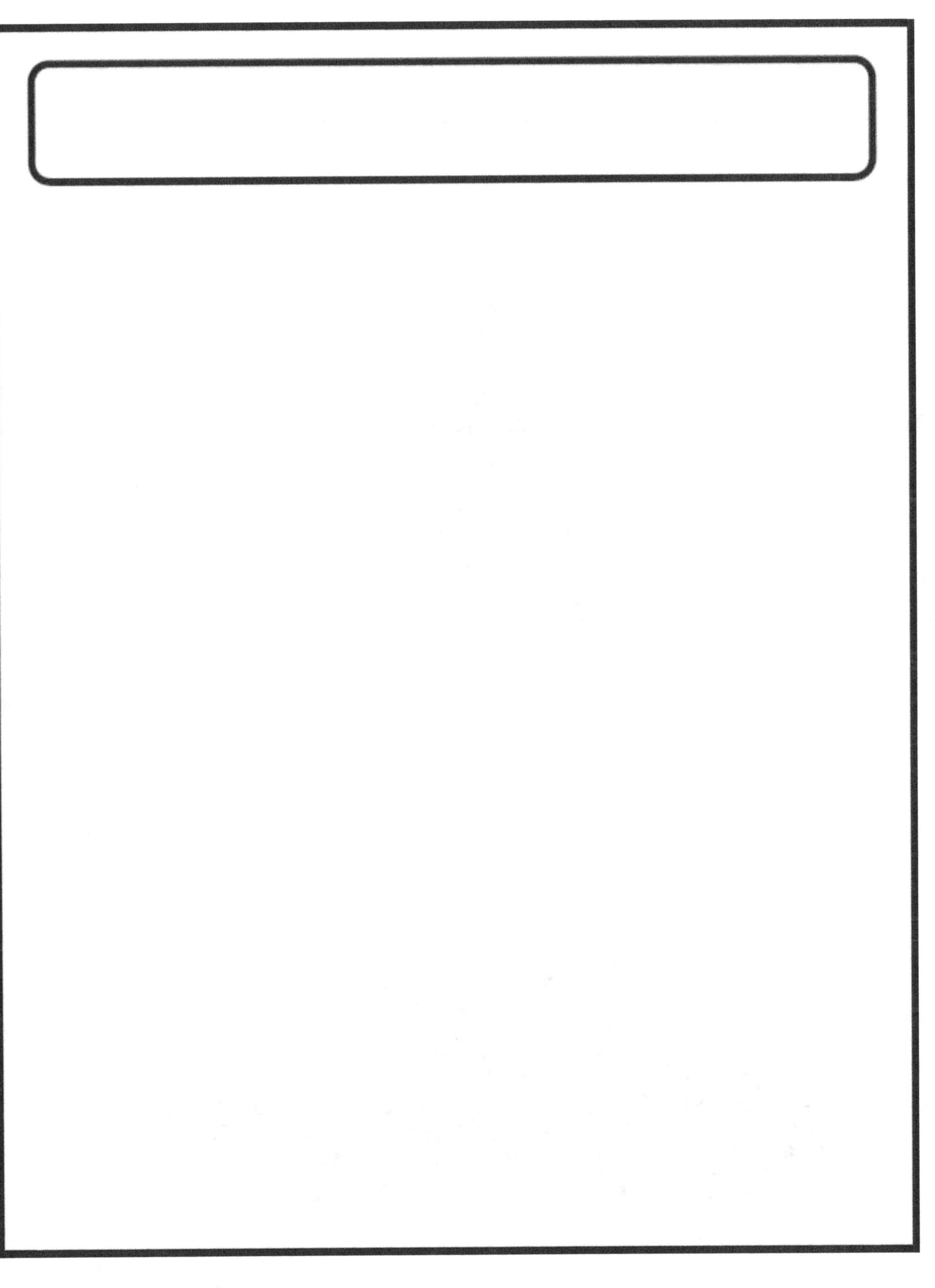

FARO LIBRO DE COLOREAR

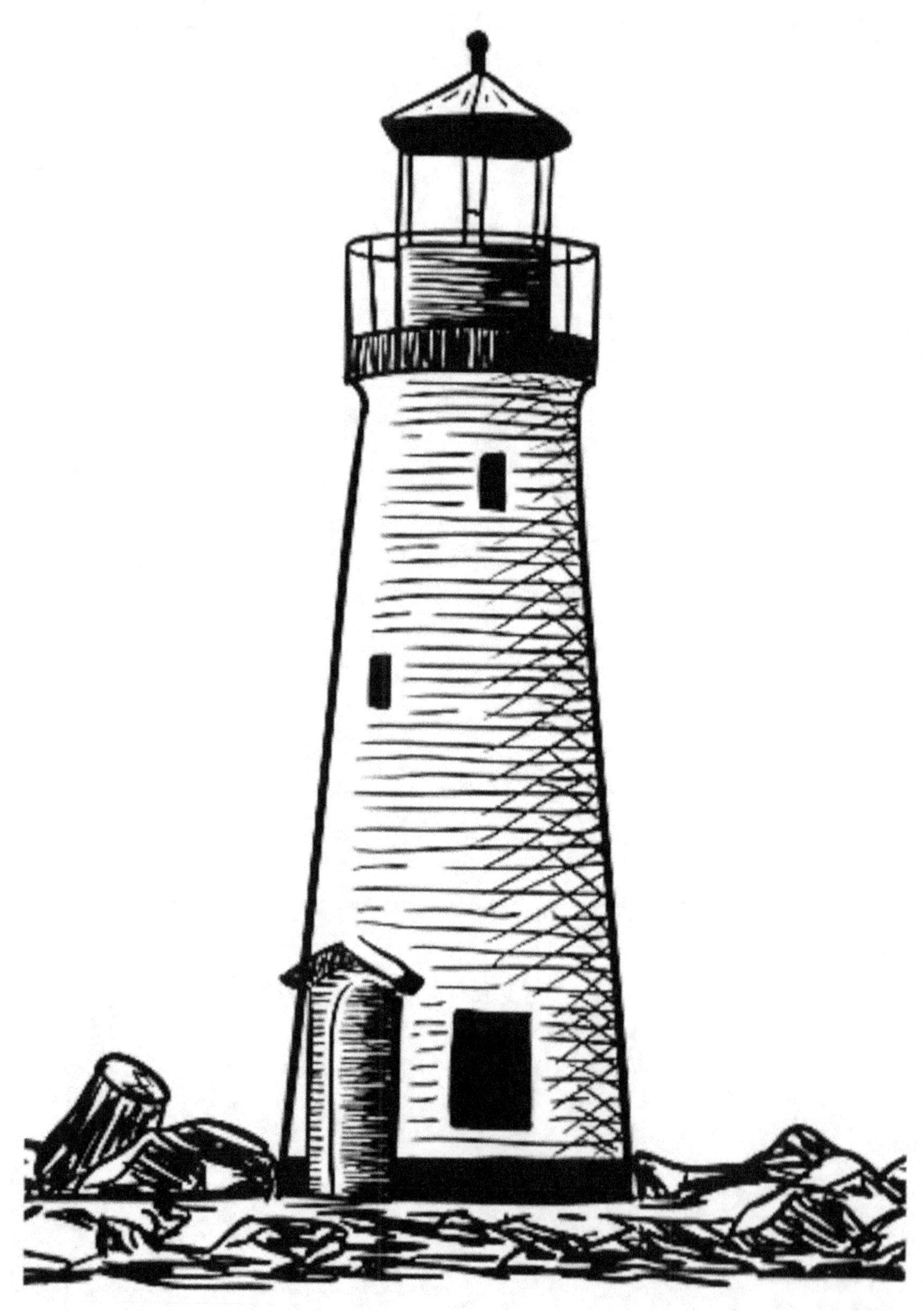

FARO LIBRO DE COLOREAR

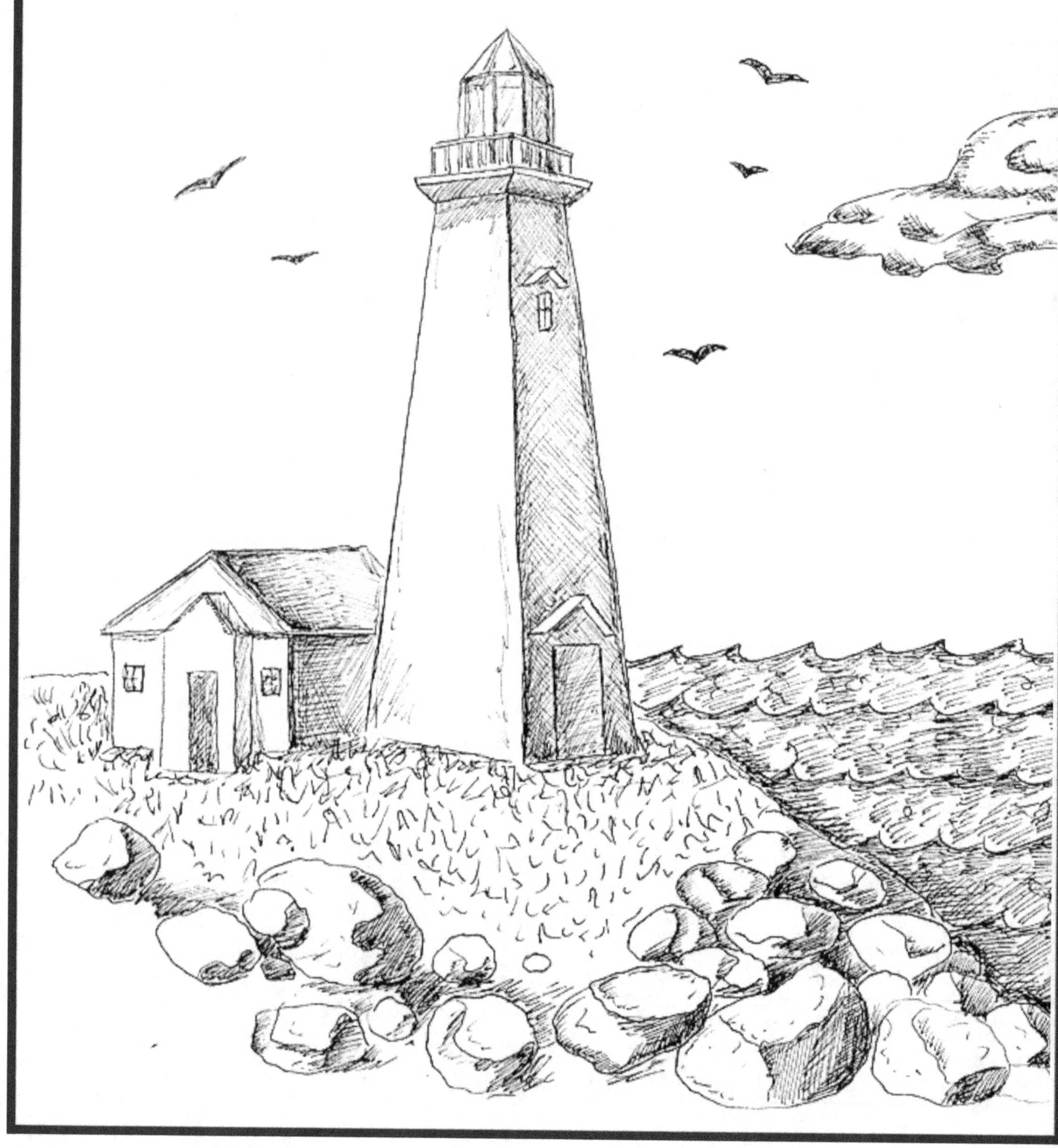

FARO LIBRO DE COLOREAR

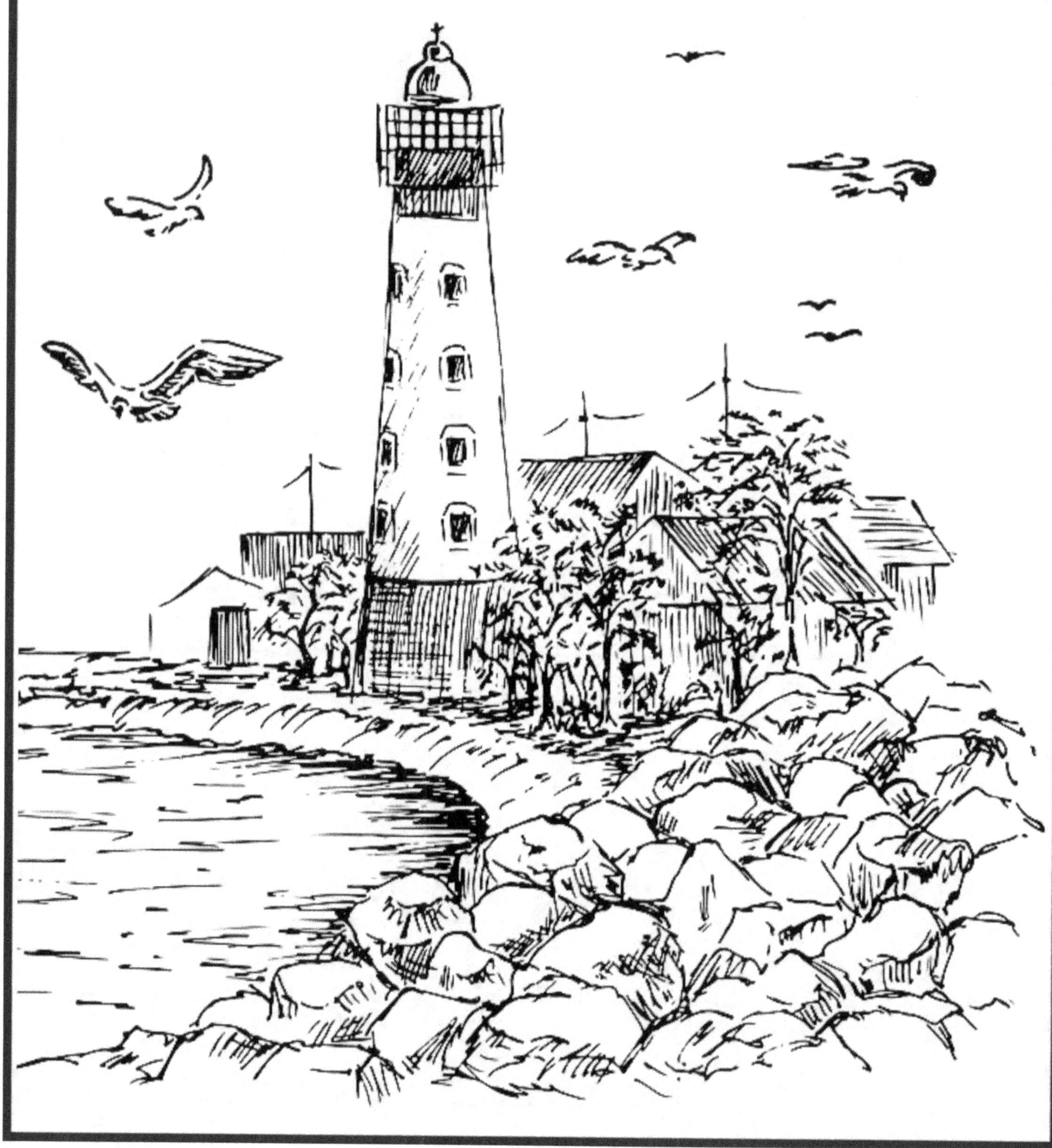

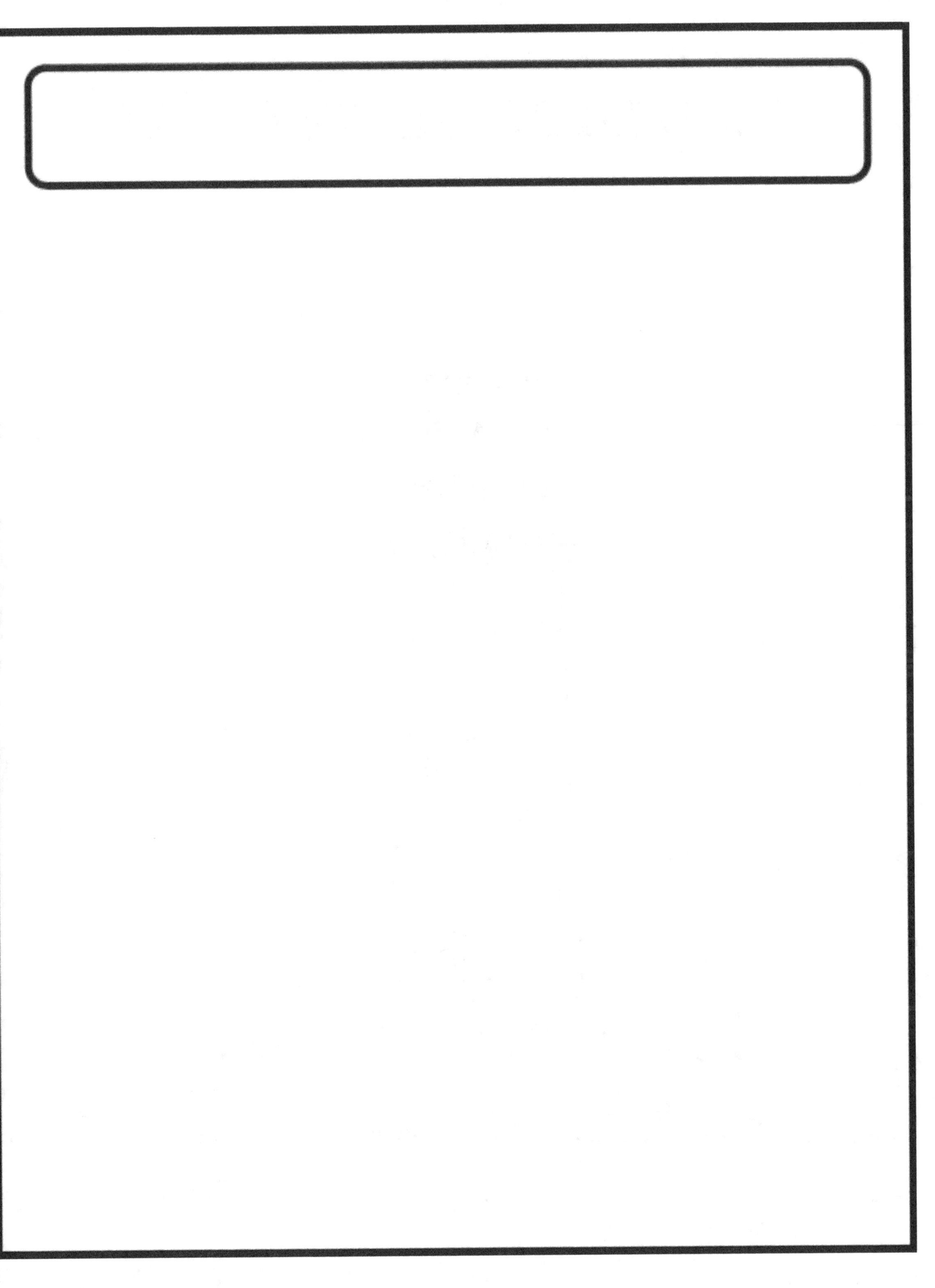

FARO LIBRO DE COLOREAR

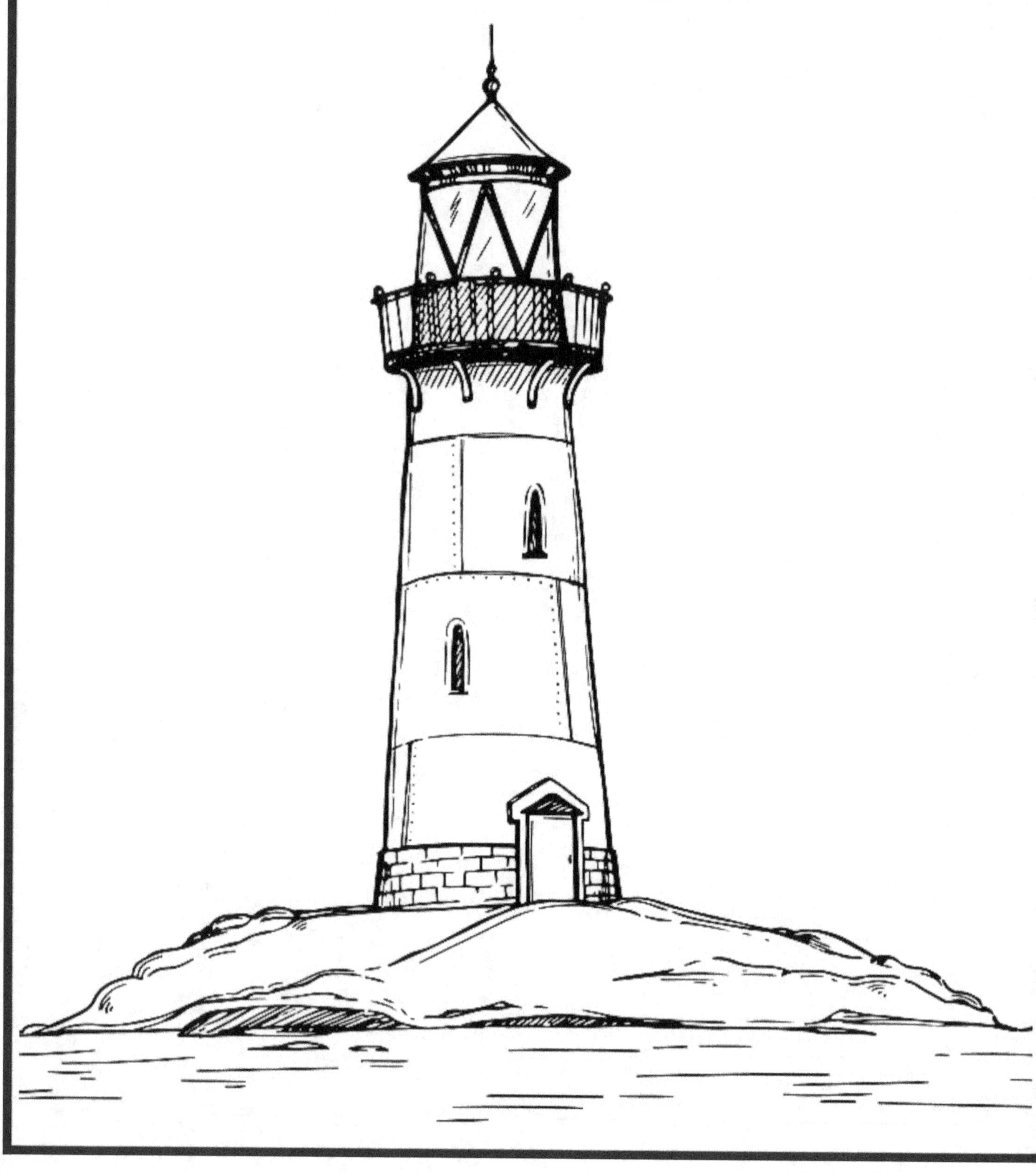

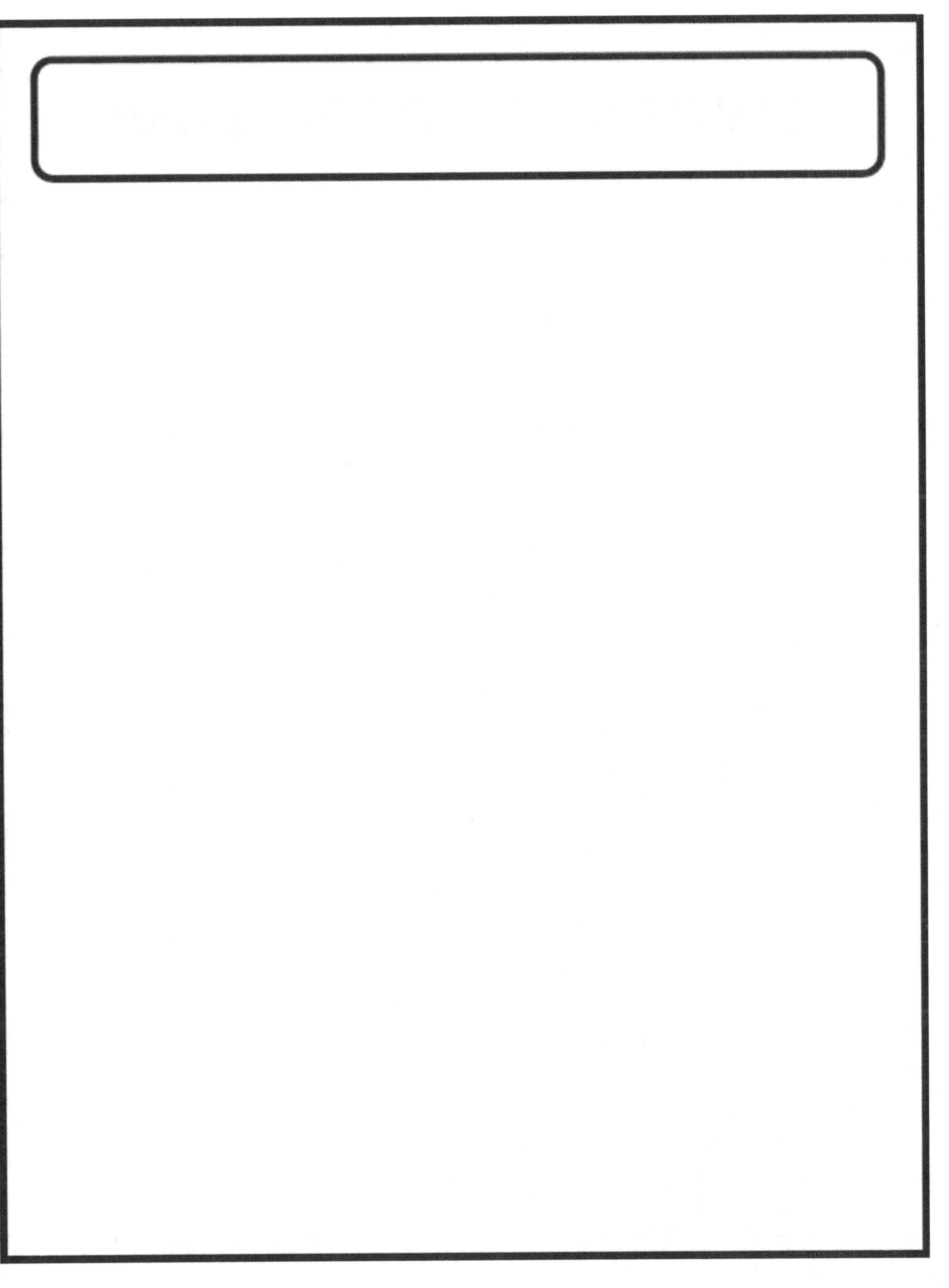

FARO LIBRO DE COLOREAR

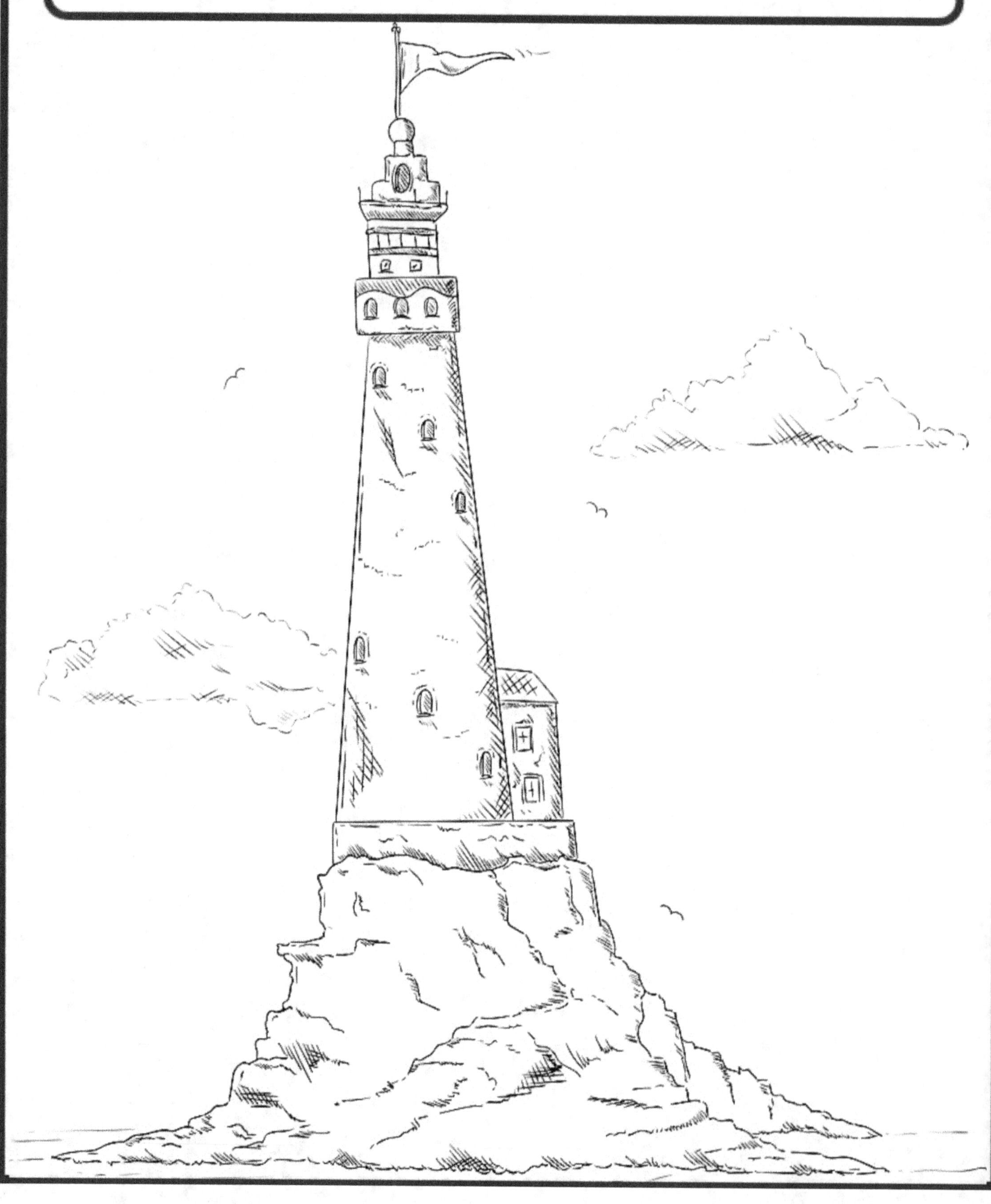

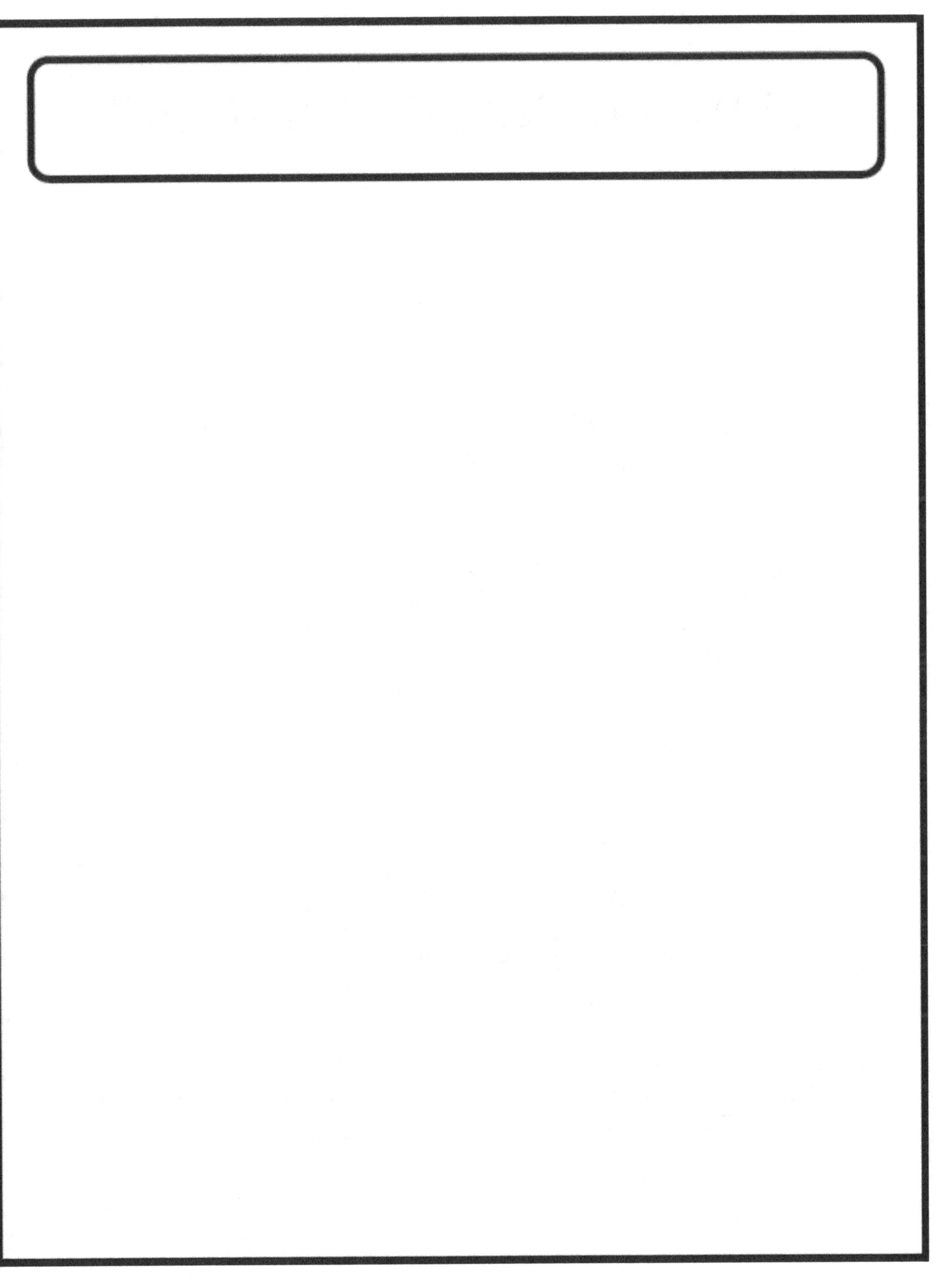

FARO LIBRO DE COLOREAR

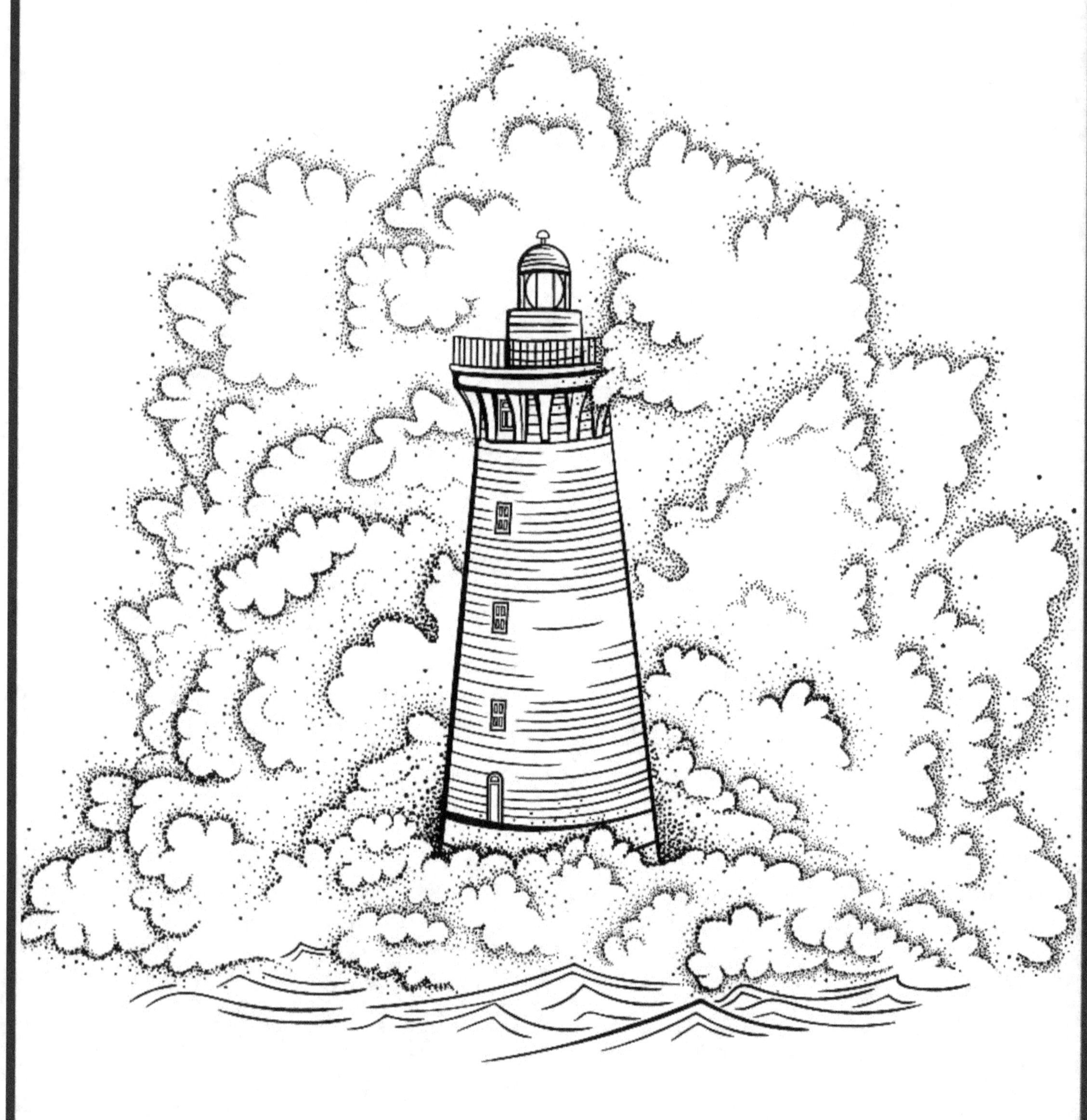

FARO LIBRO DE COLOREAR

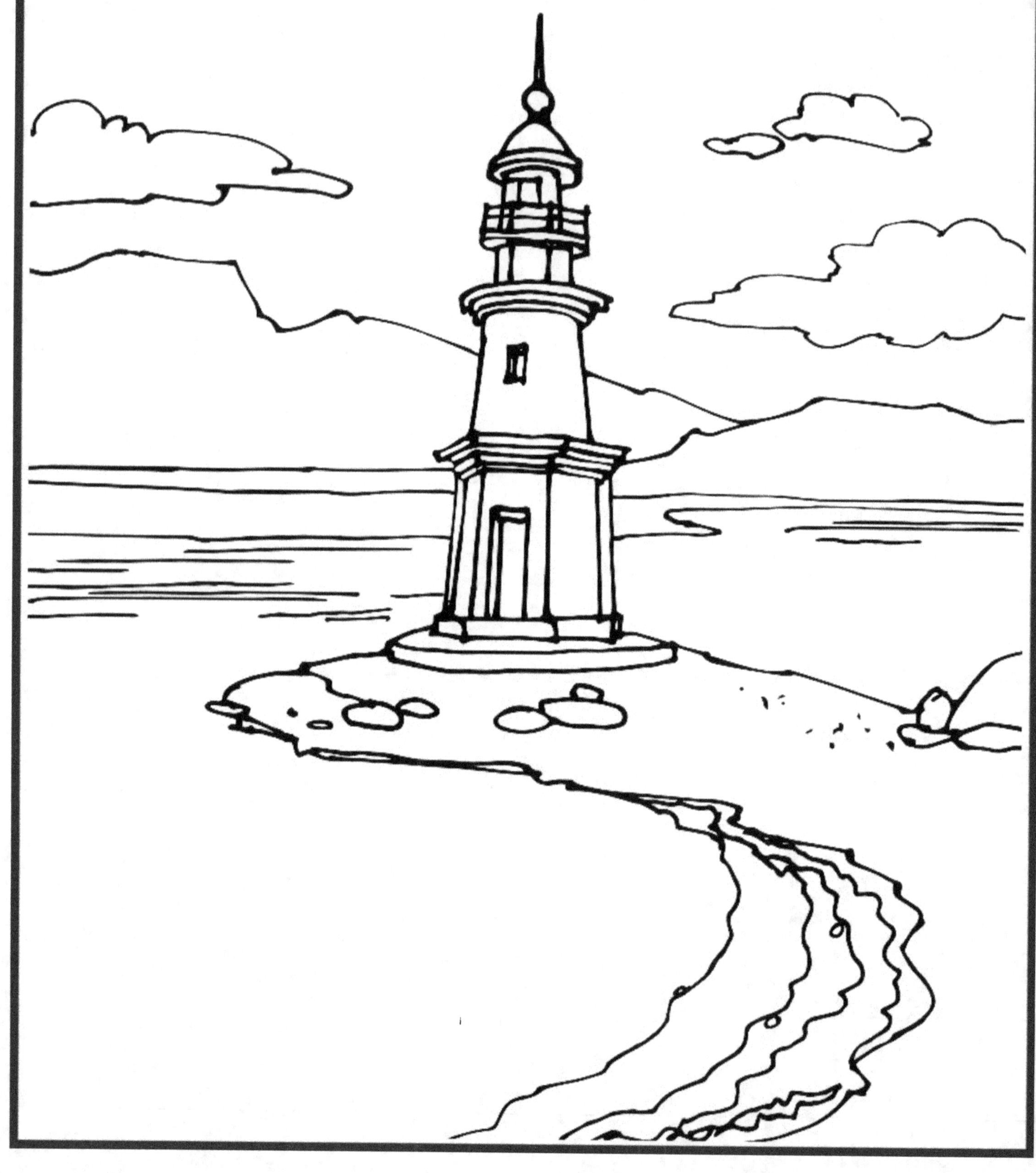

FARO LIBRO DE COLOREAR

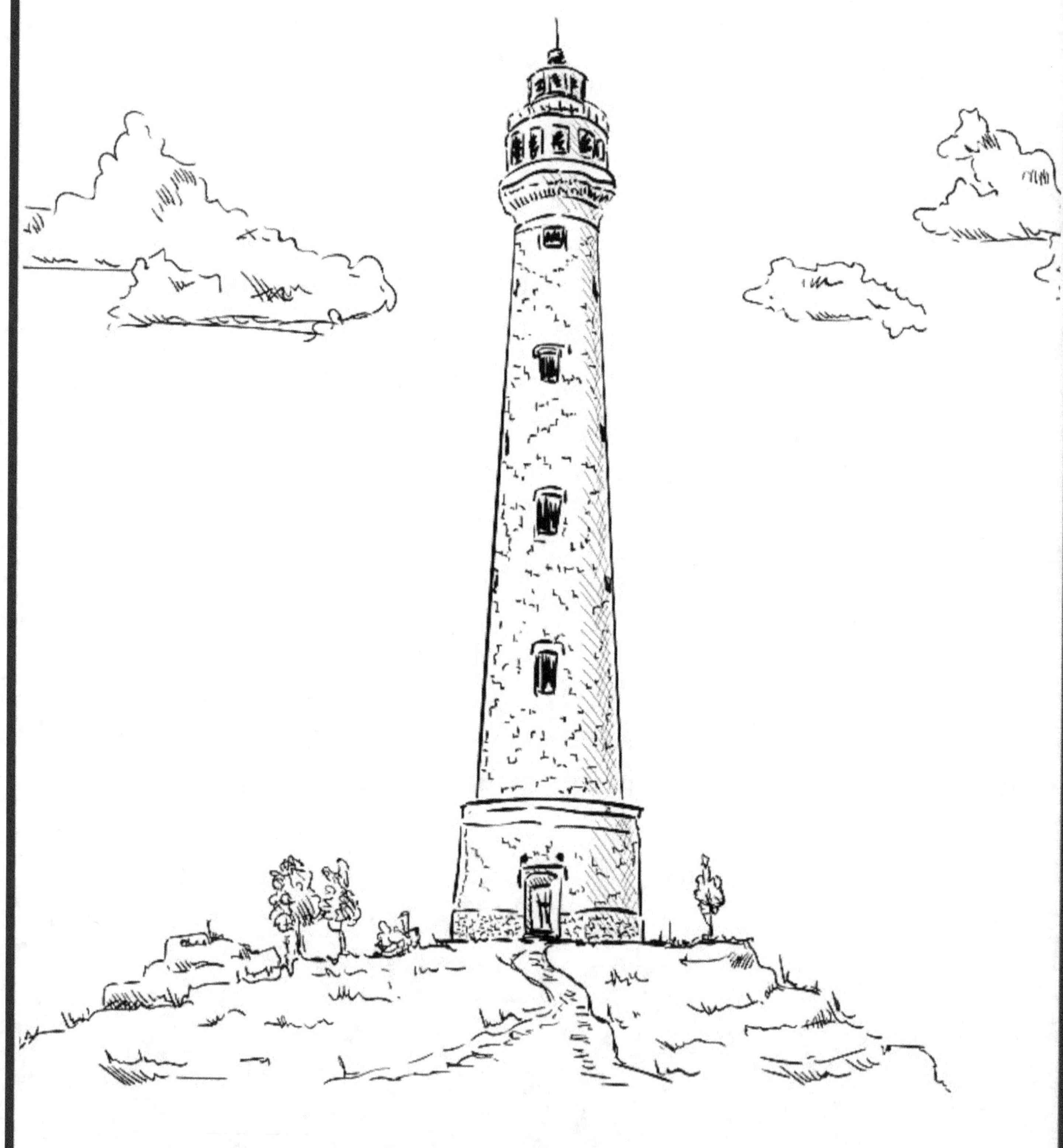

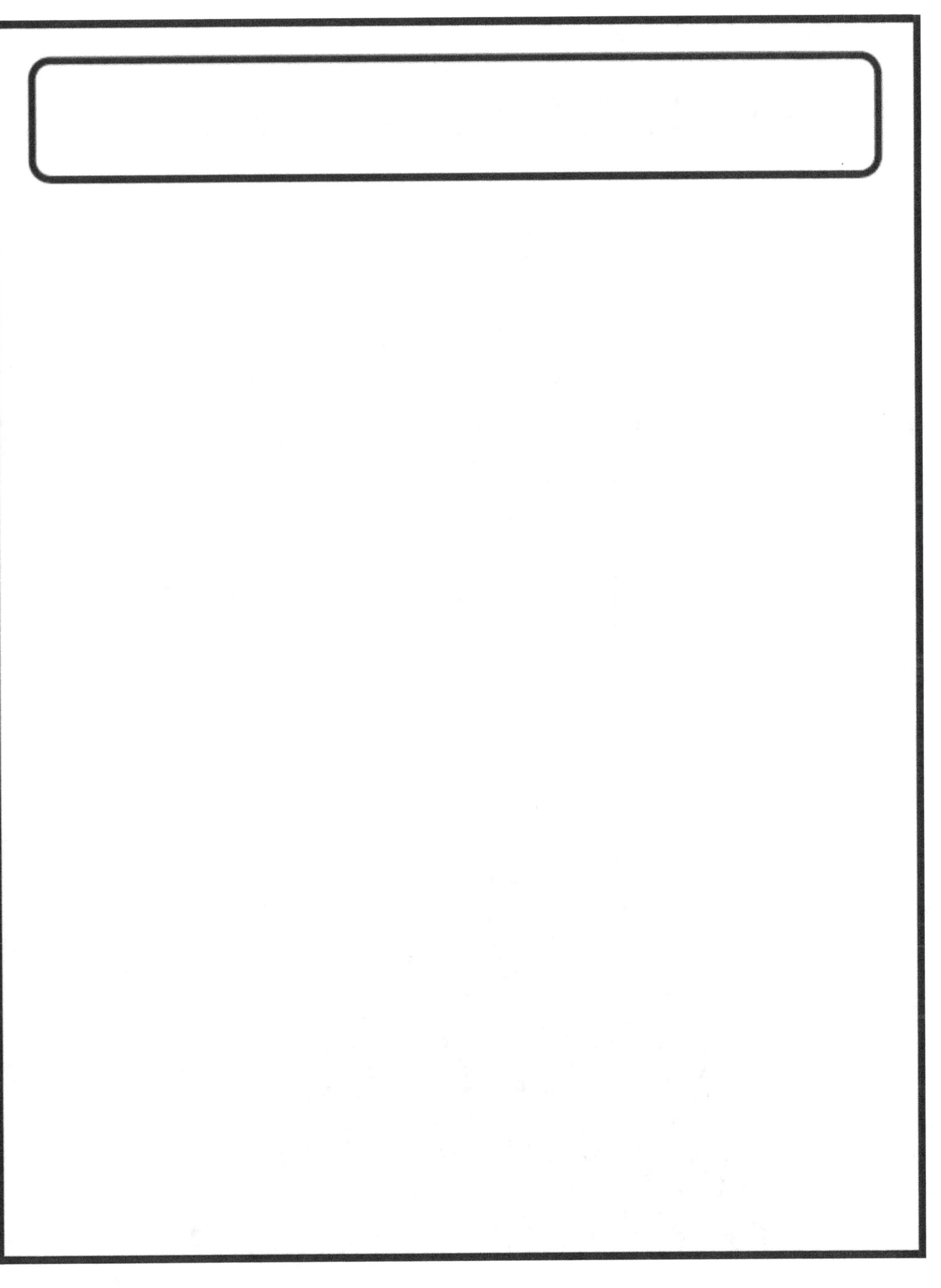

FARO LIBRO DE COLOREAR

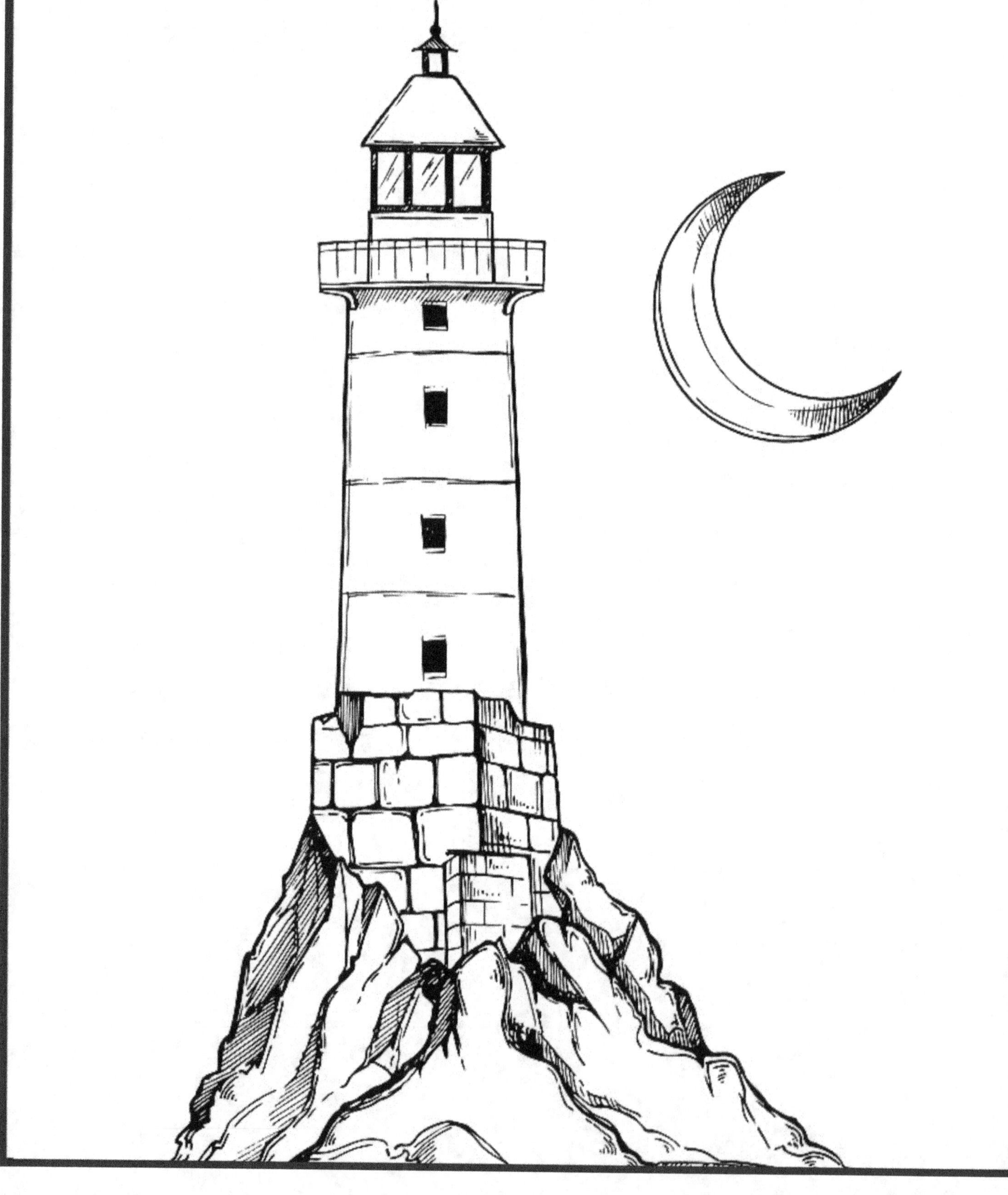

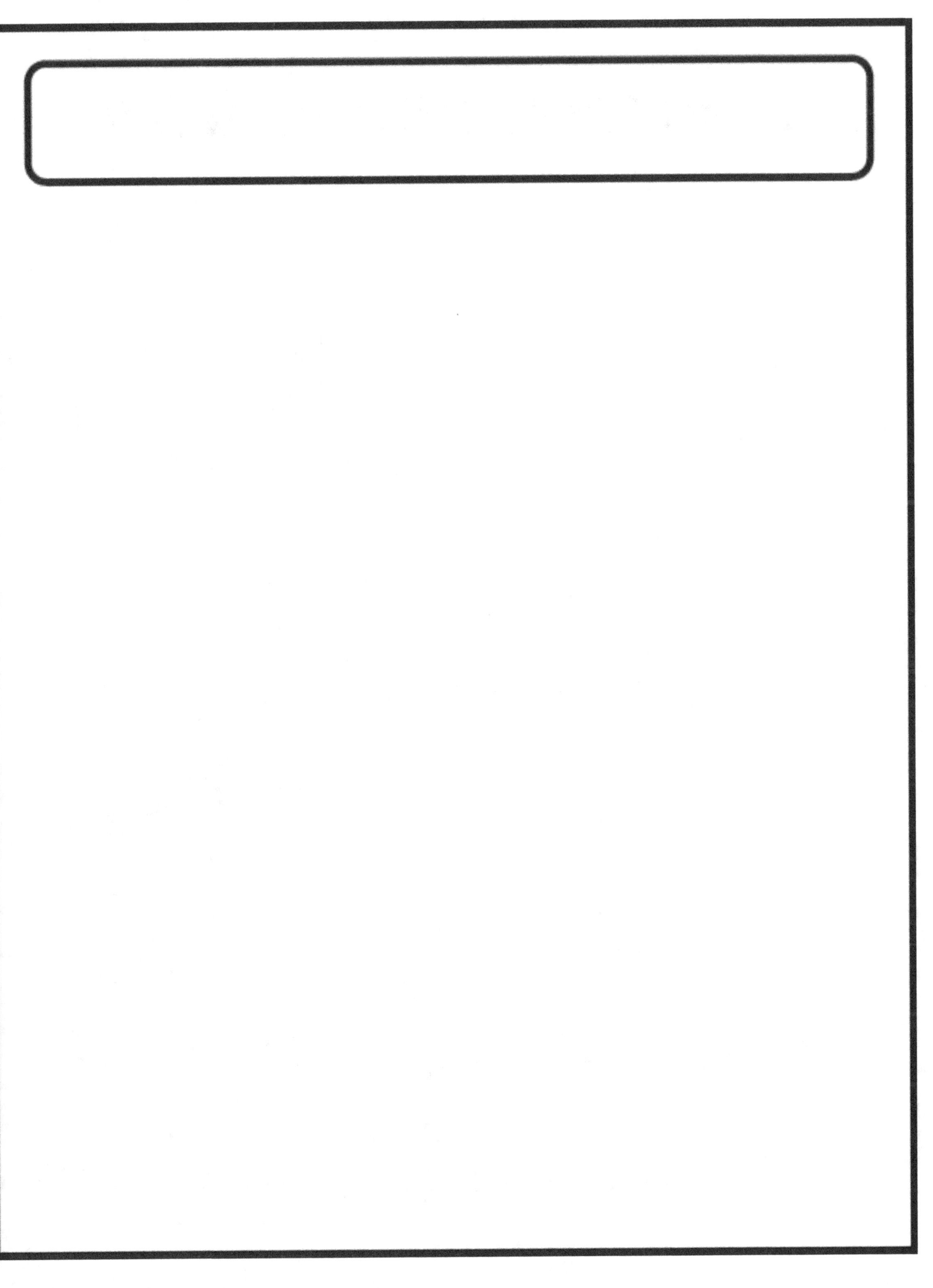

FARO LIBRO DE COLOREAR

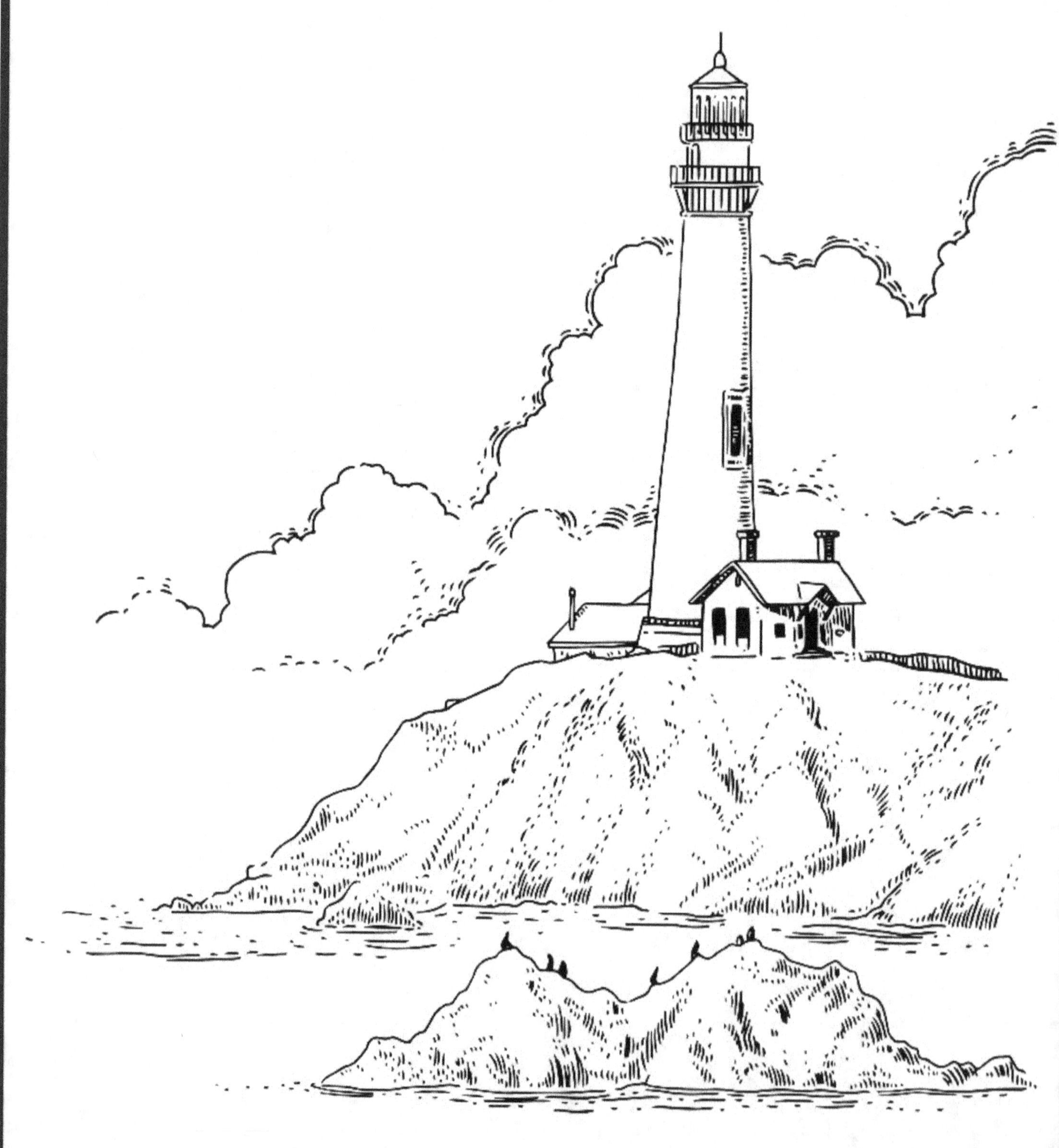

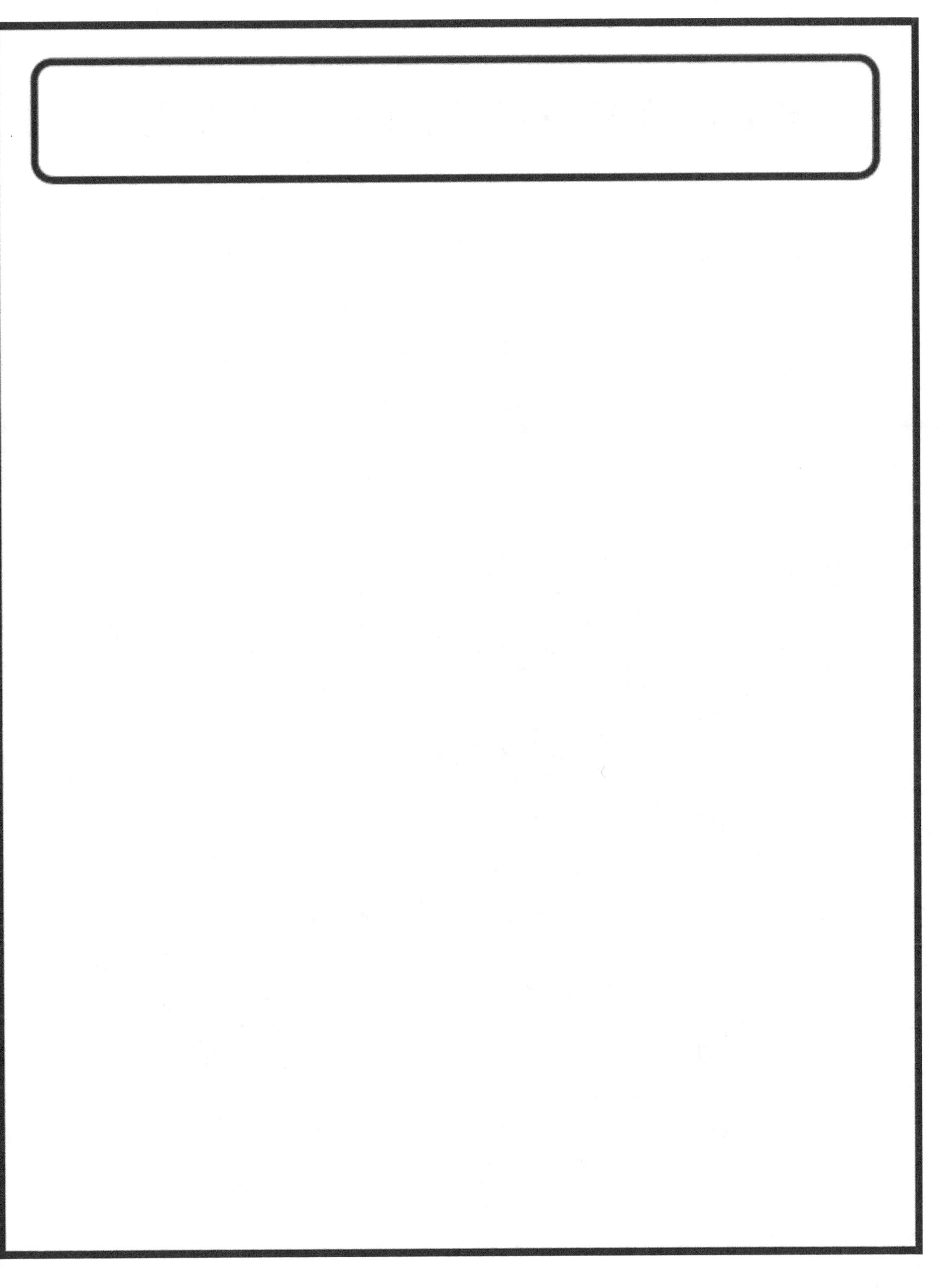

FARO LIBRO DE COLOREAR

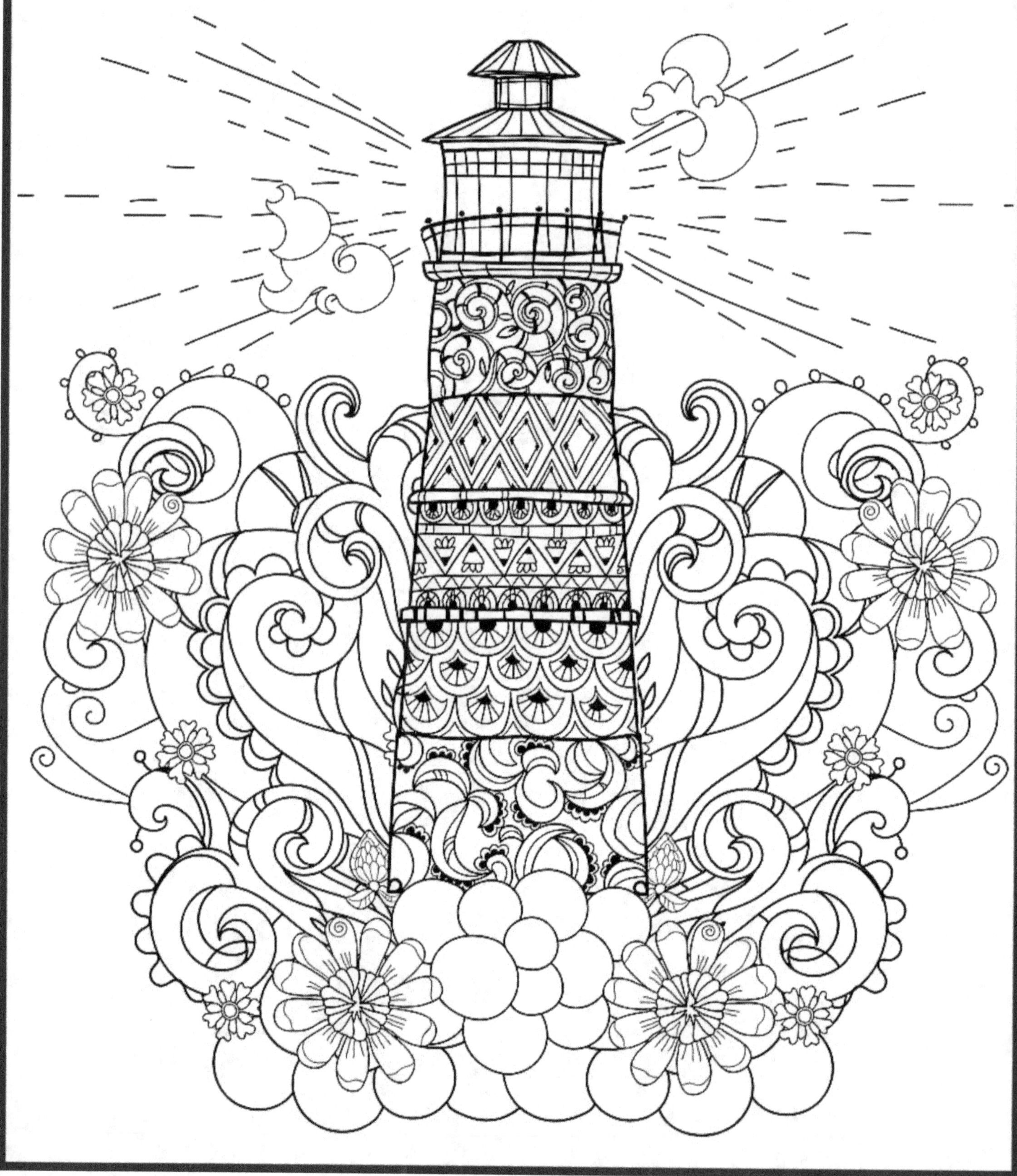

FARO LIBRO DE COLOREAR

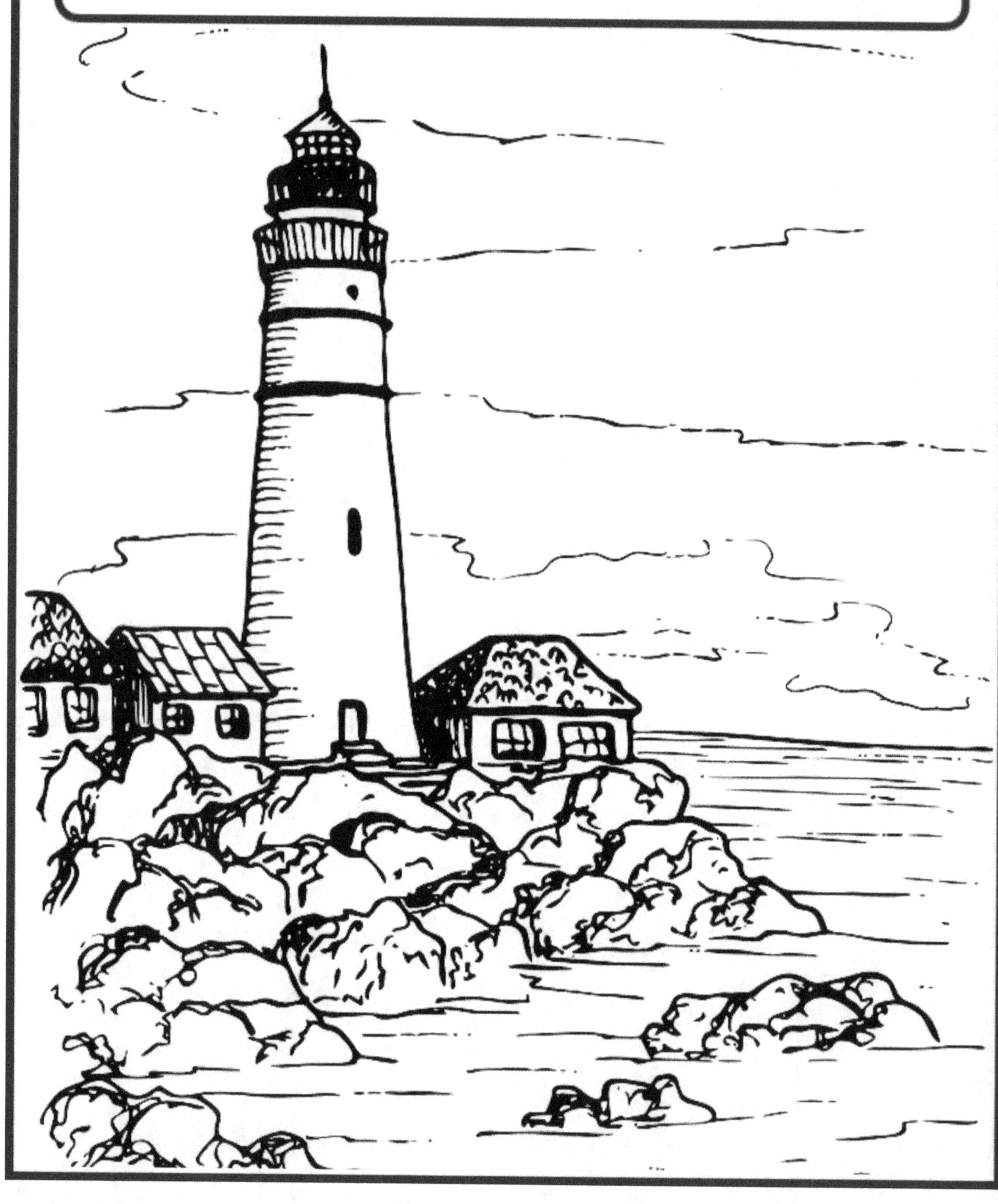

FARO LIBRO DE COLOREAR

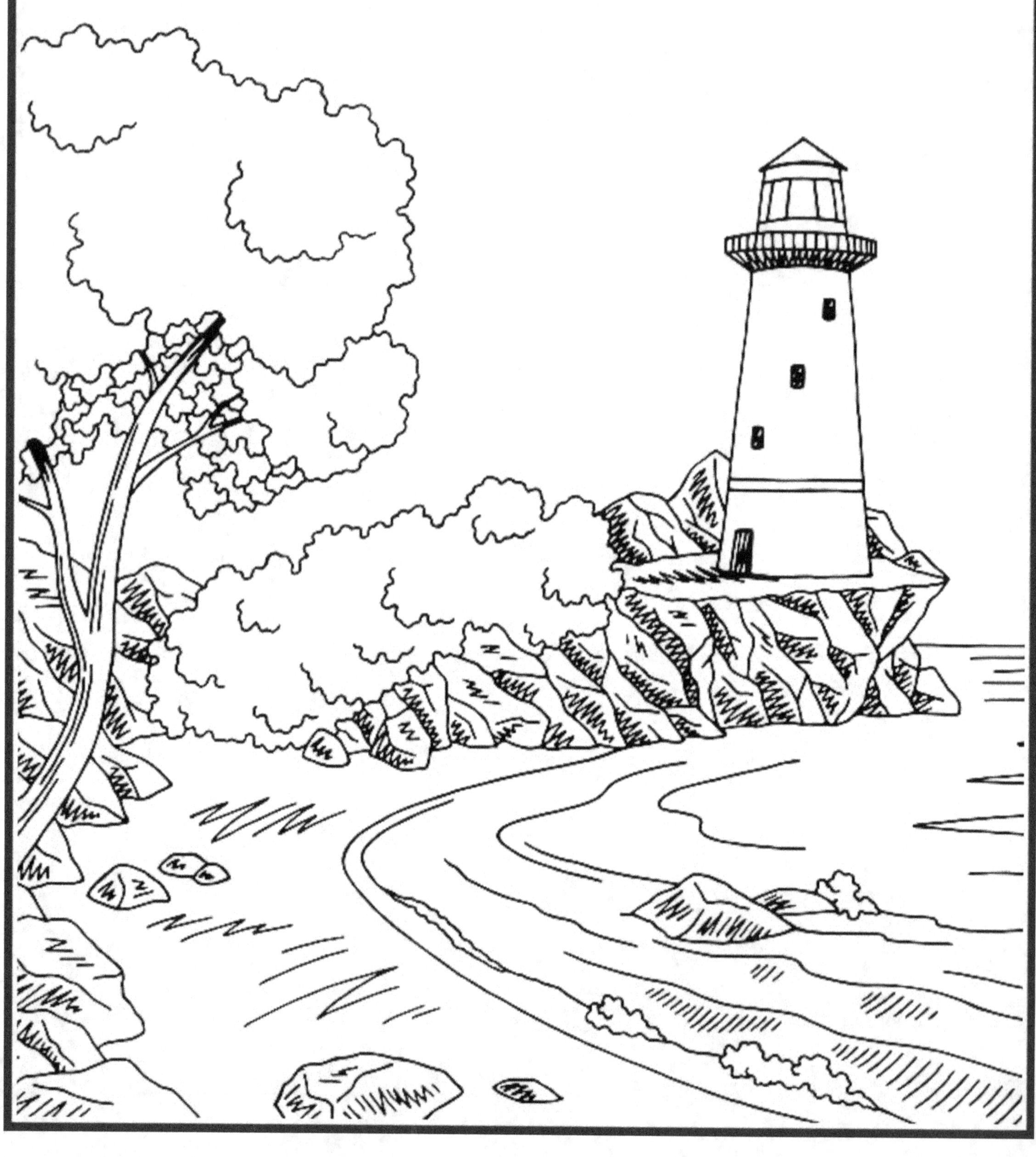

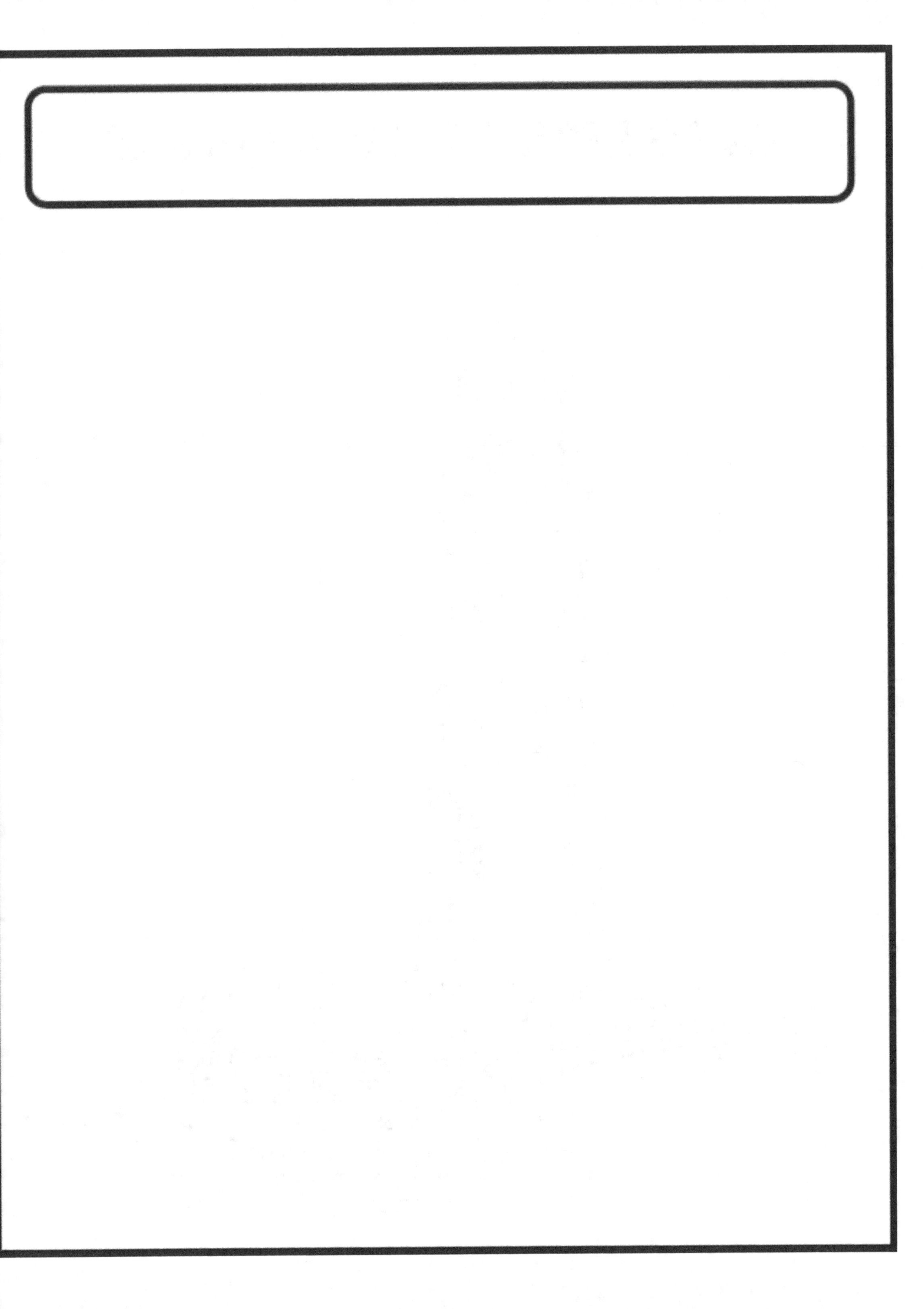

FARO LIBRO DE COLOREAR

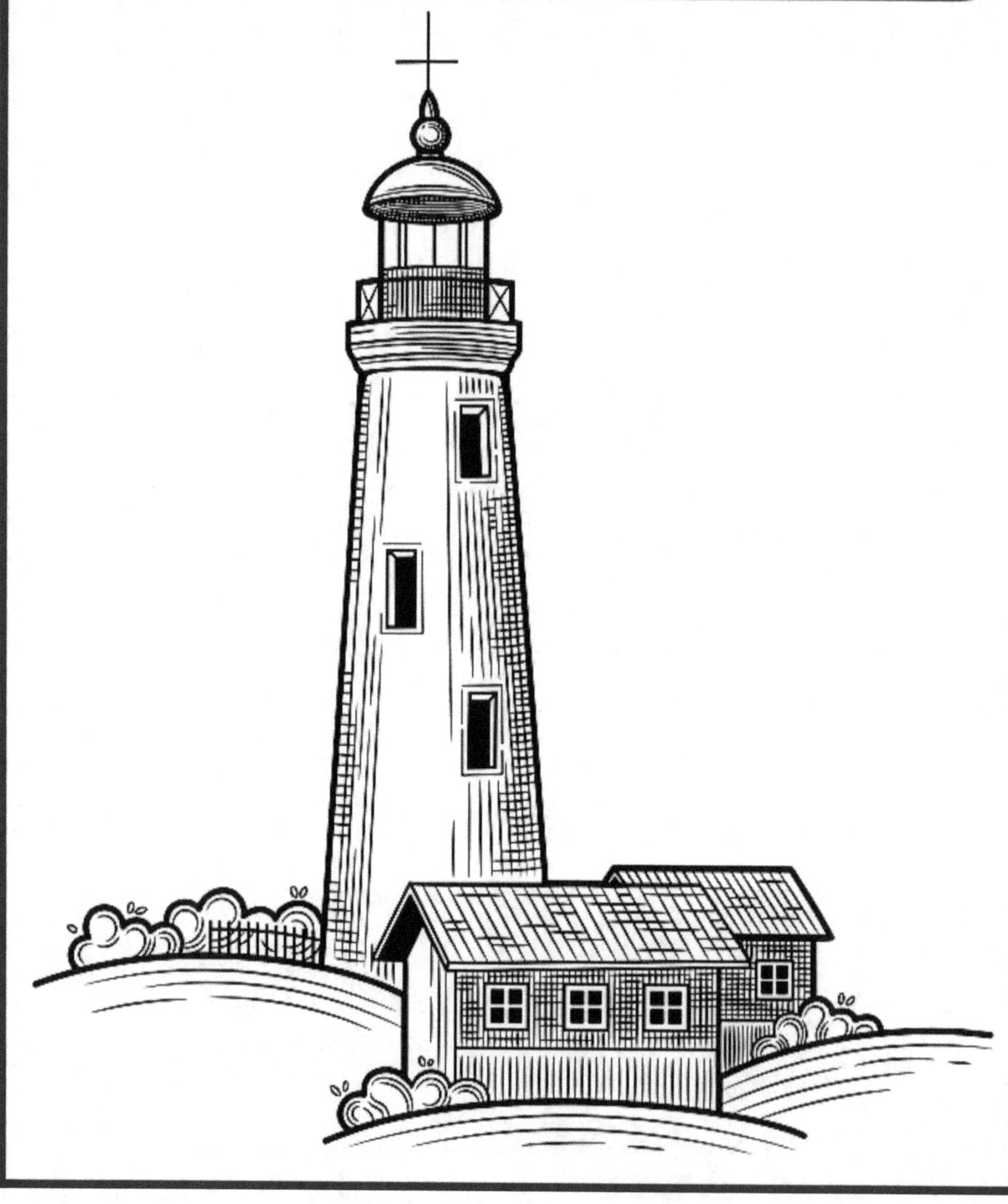

FARO LIBRO DE COLOREAR

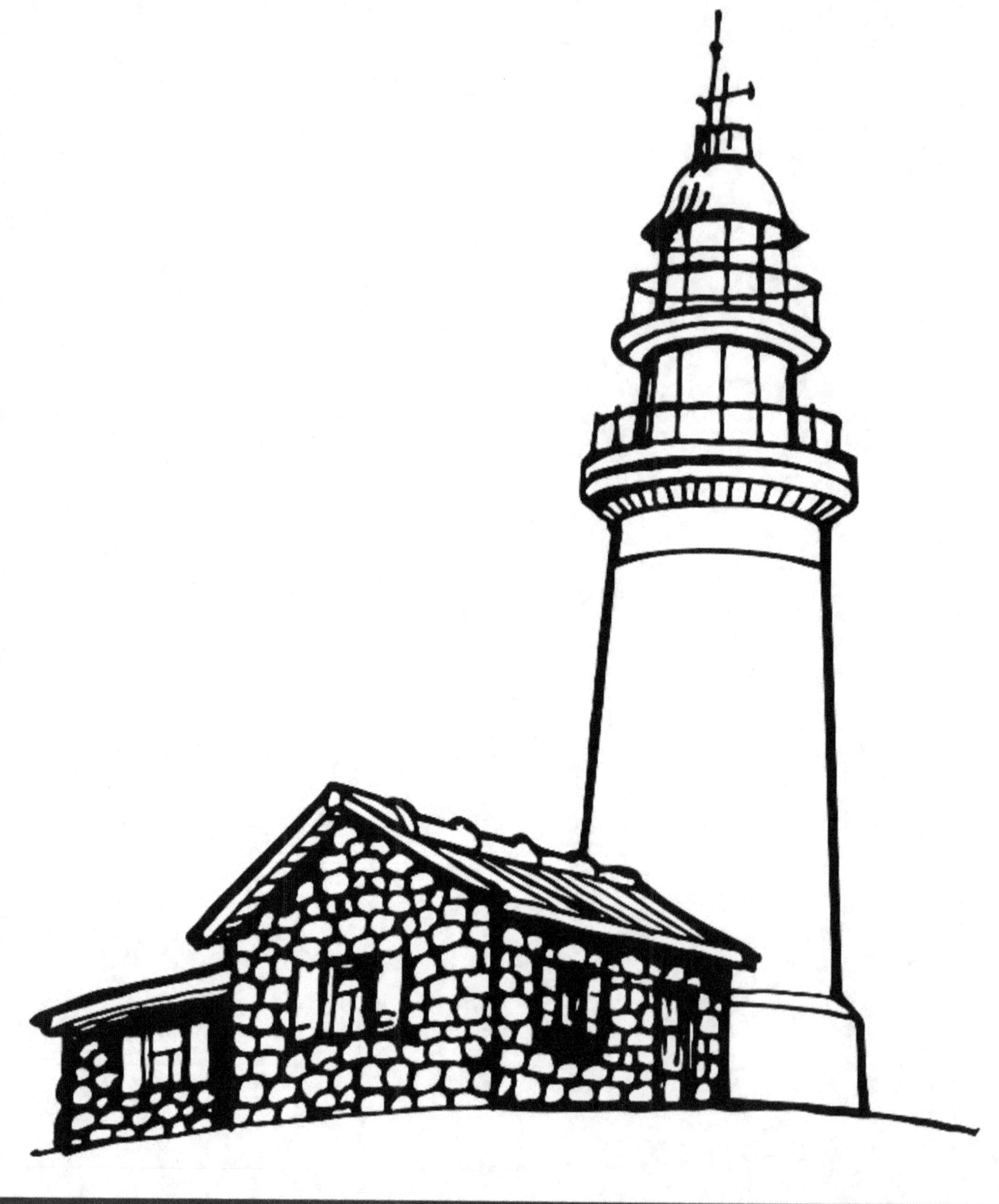

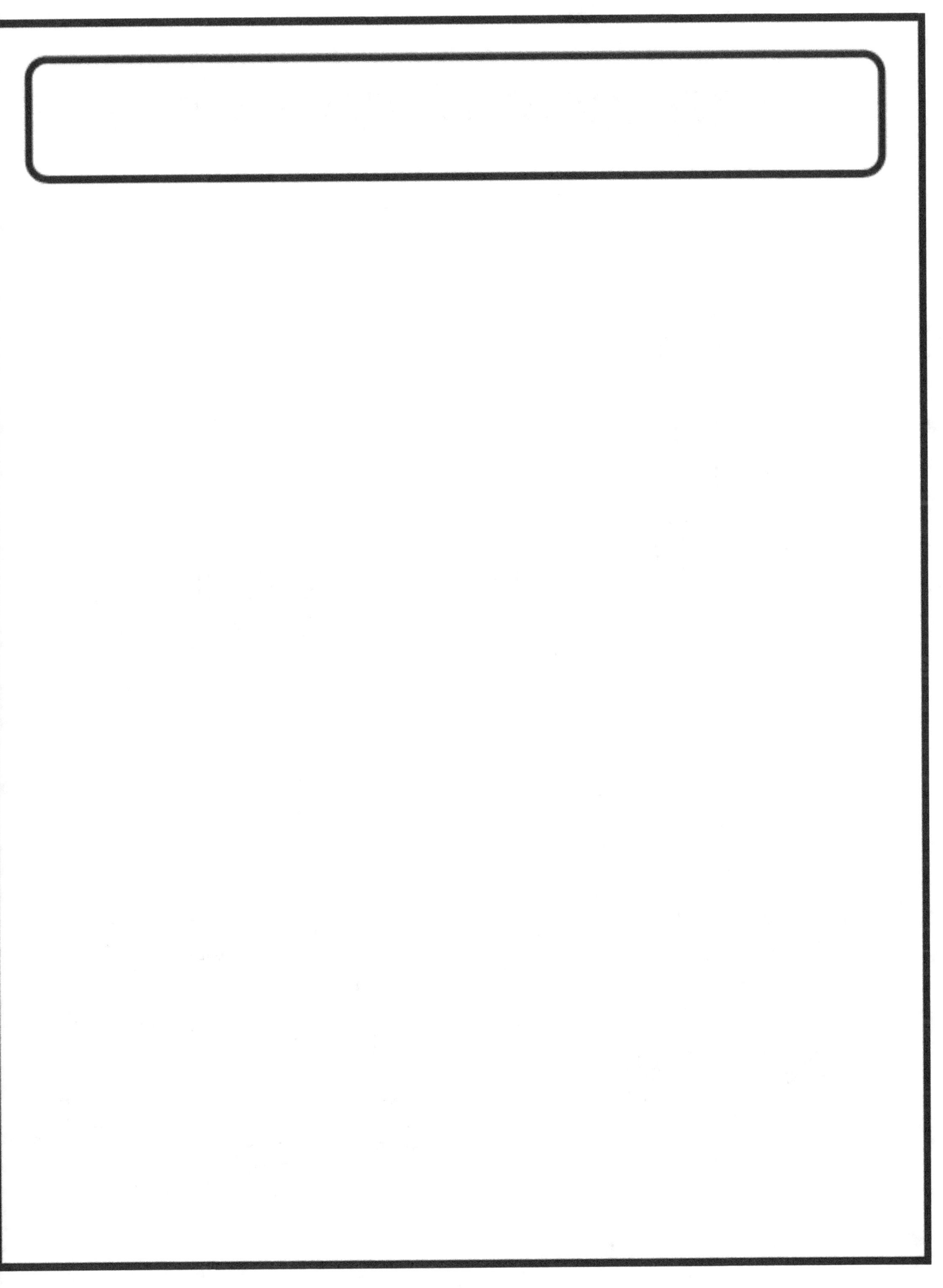

FARO LIBRO DE COLOREAR

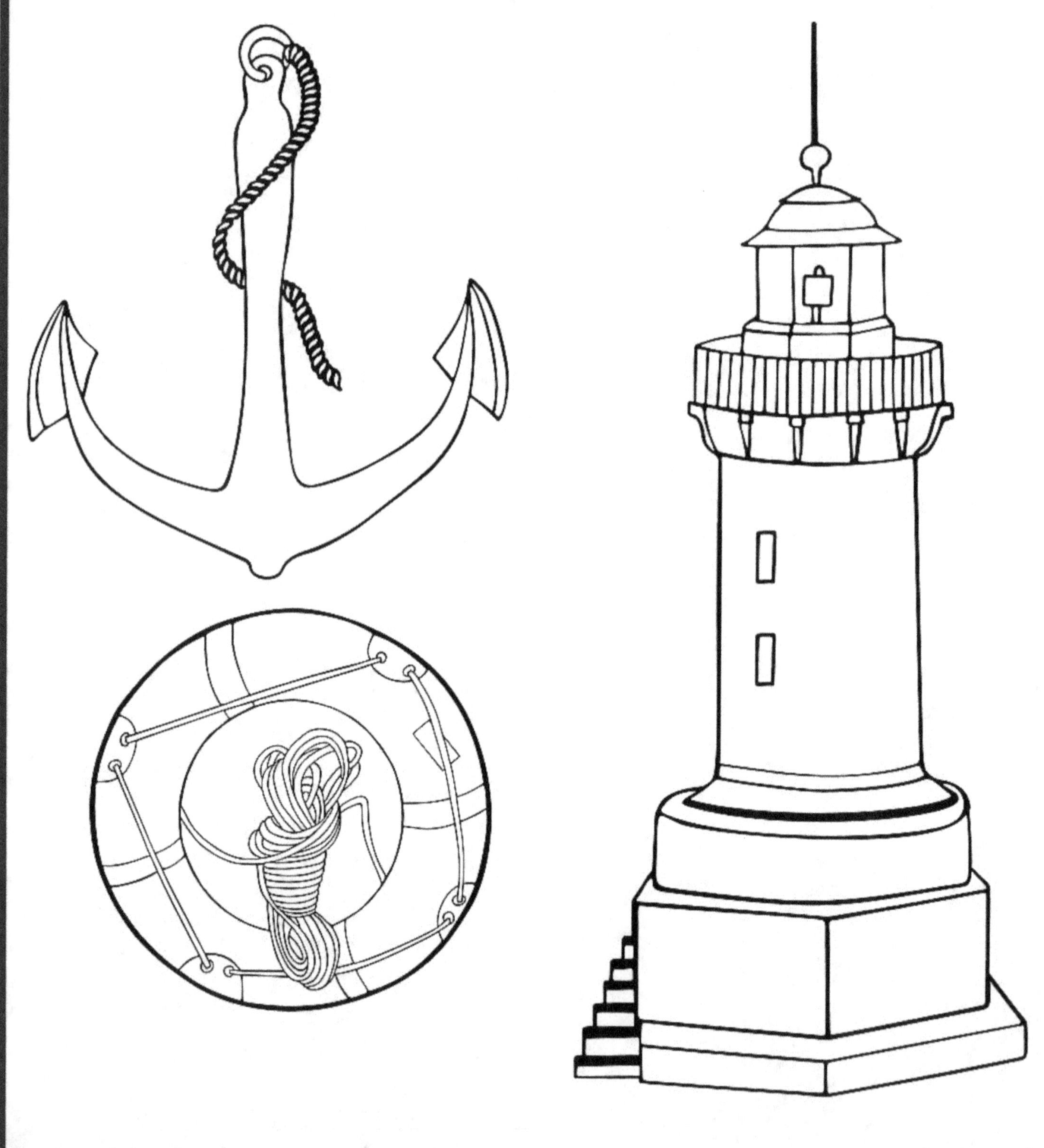

FARO LIBRO DE COLOREAR

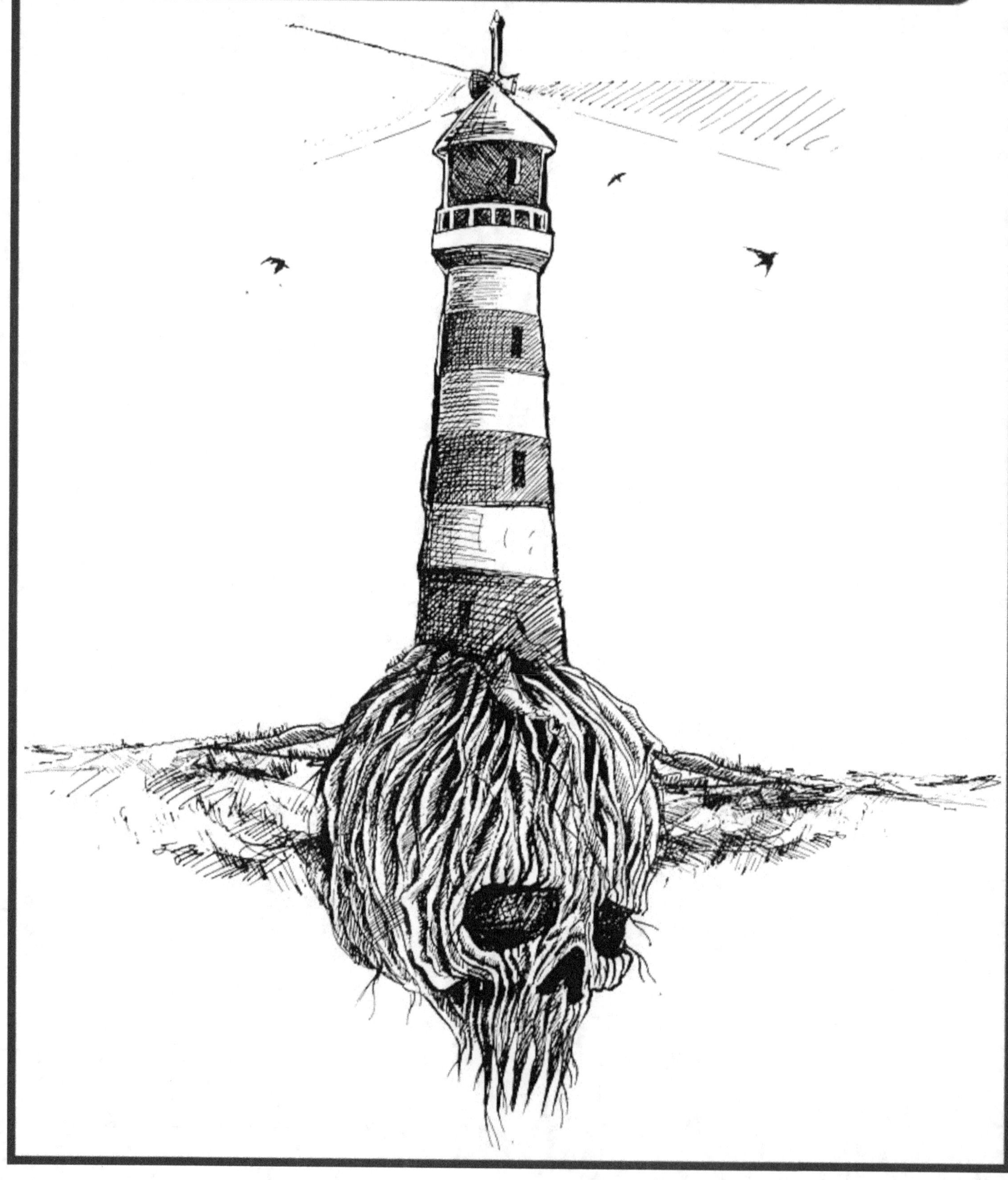

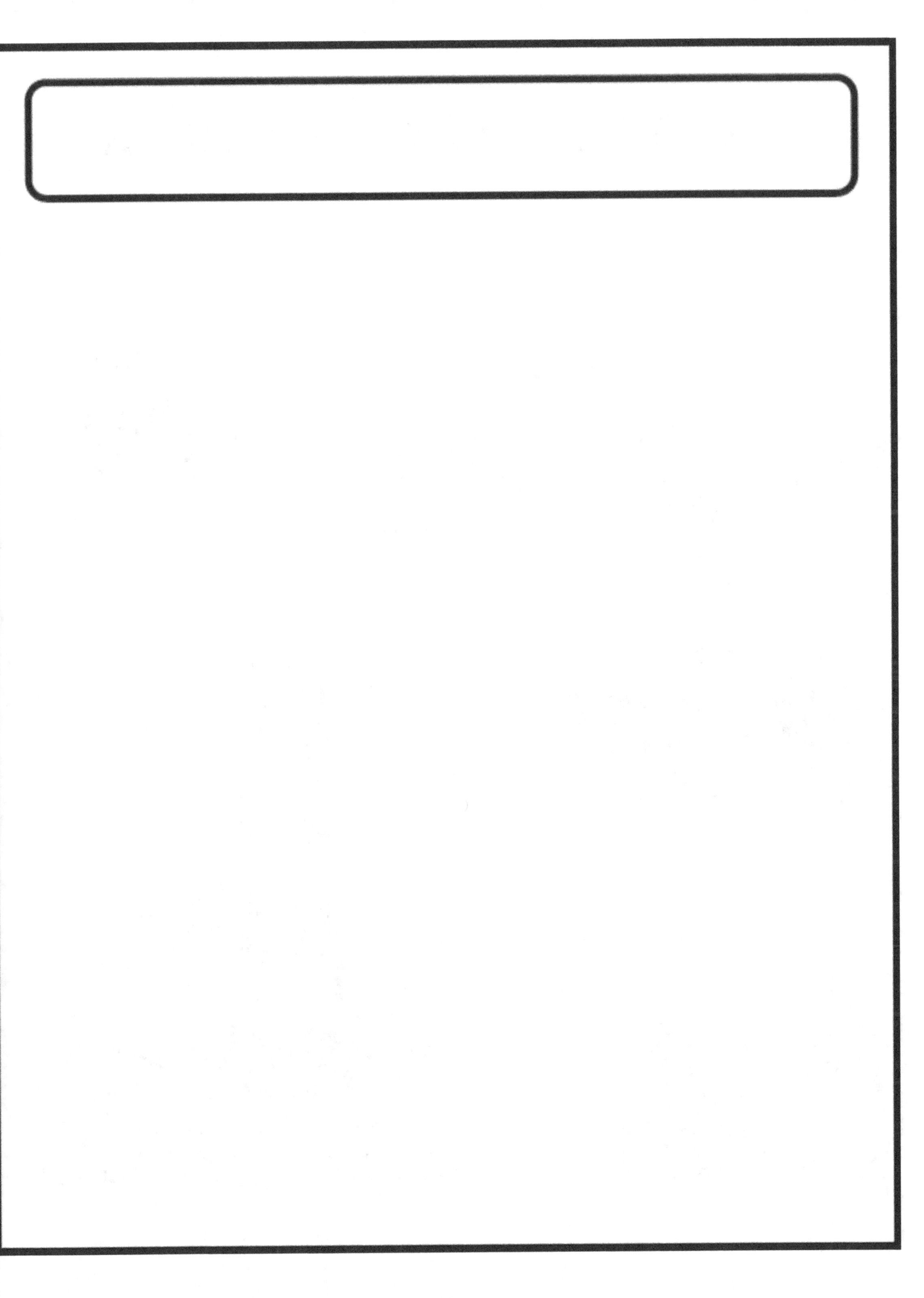

FARO LIBRO DE COLOREAR

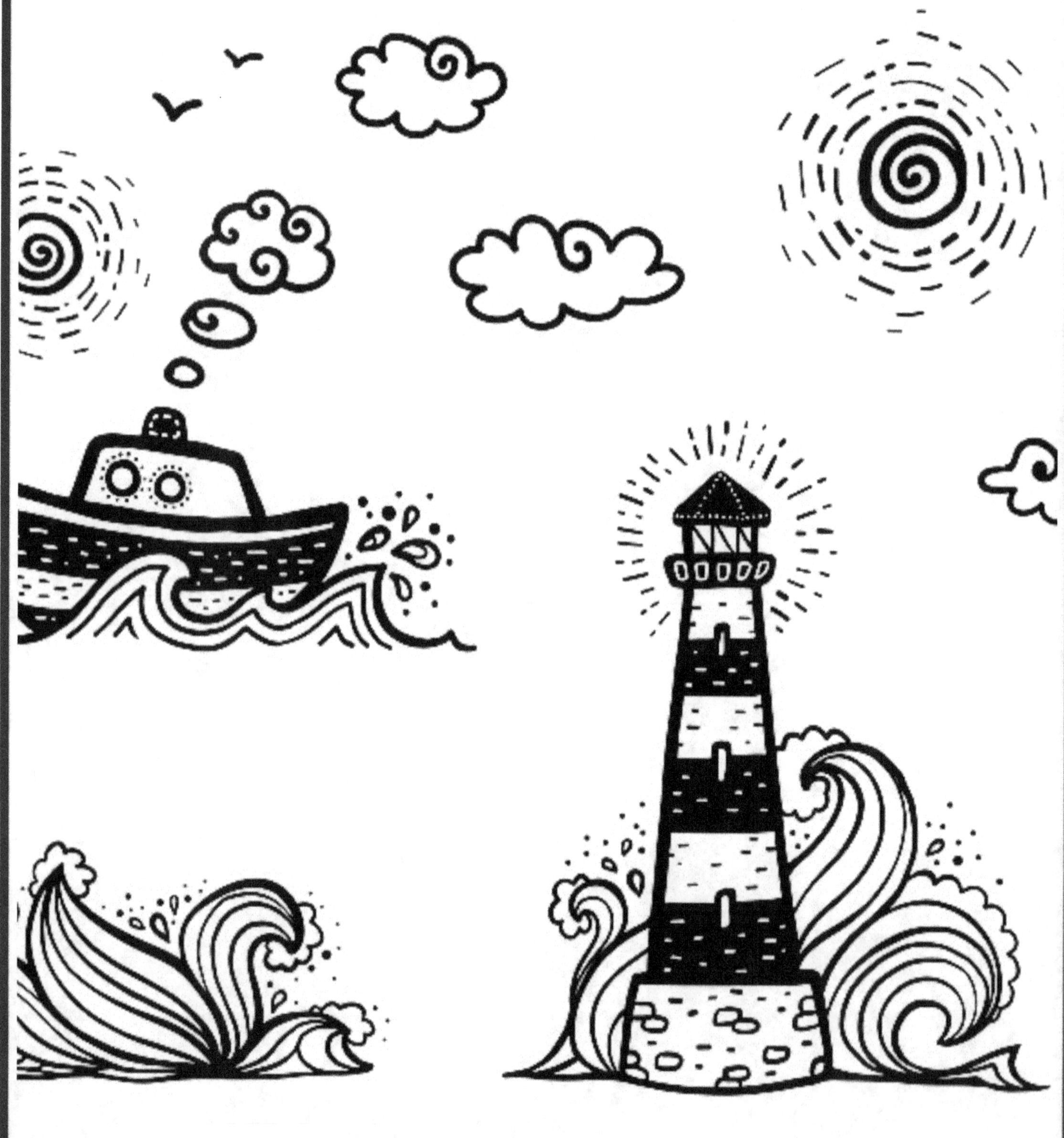

FARO LIBRO DE COLOREAR

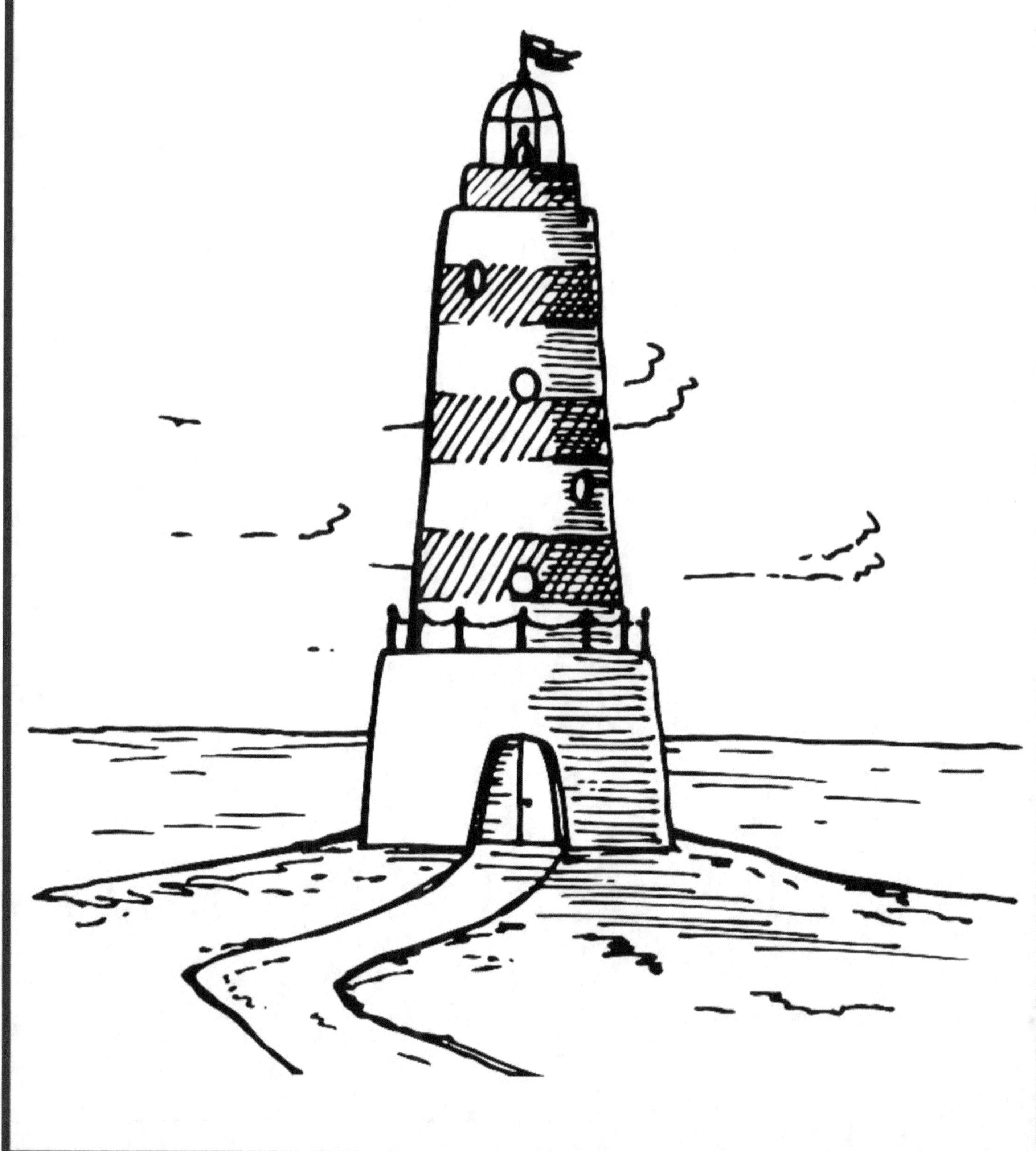

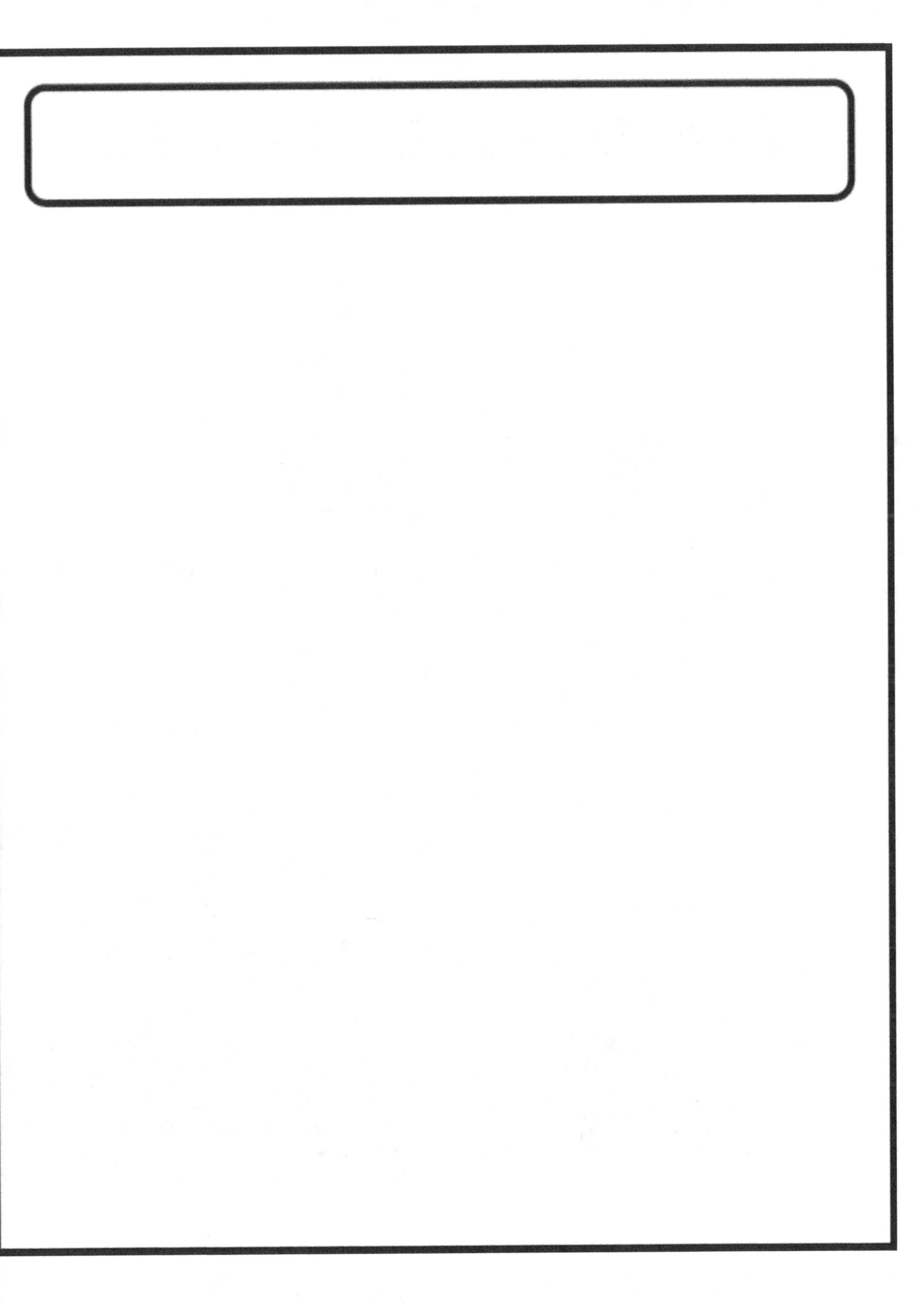

FARO LIBRO DE COLOREAR

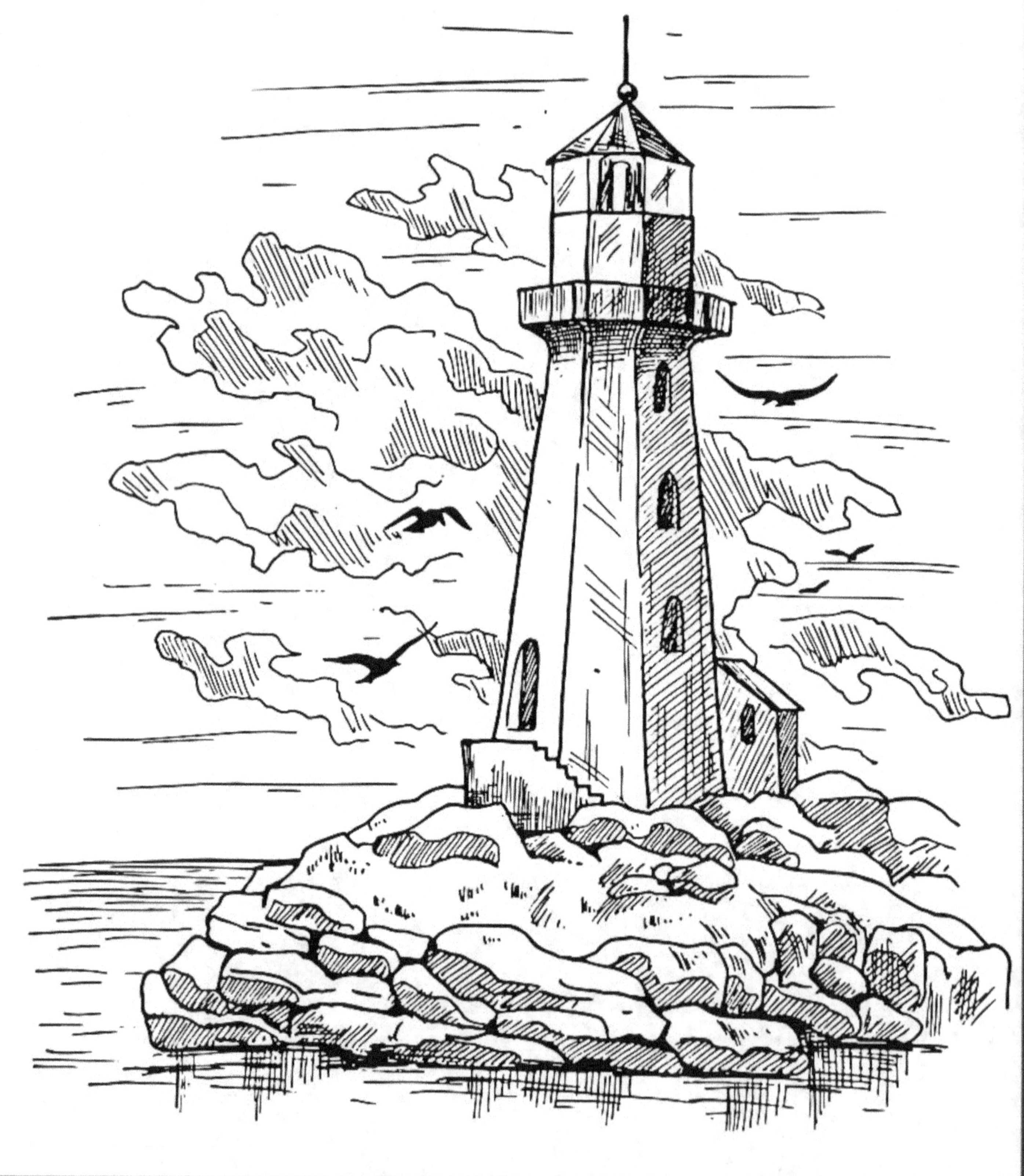

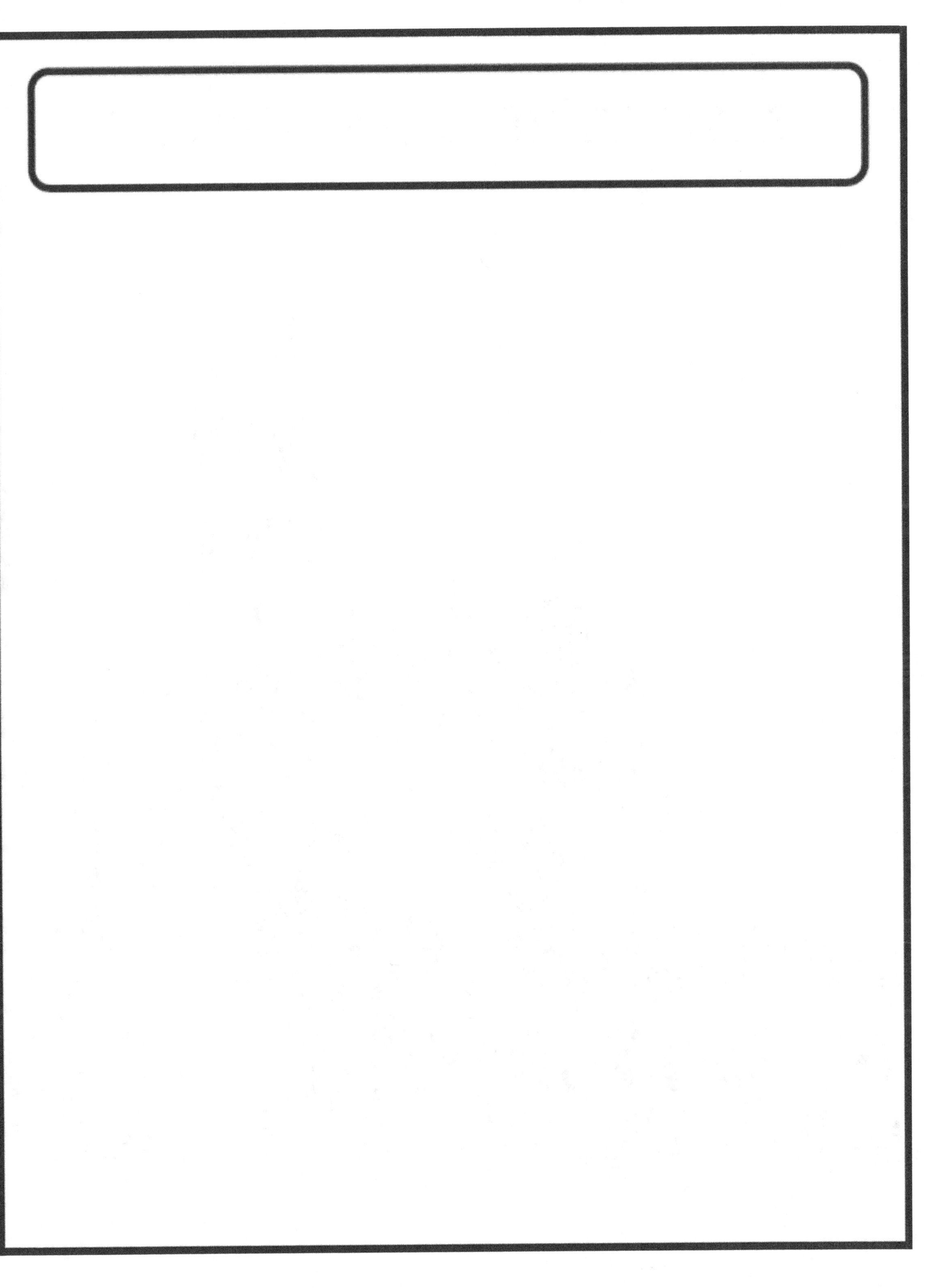

FARO LIBRO DE COLOREAR

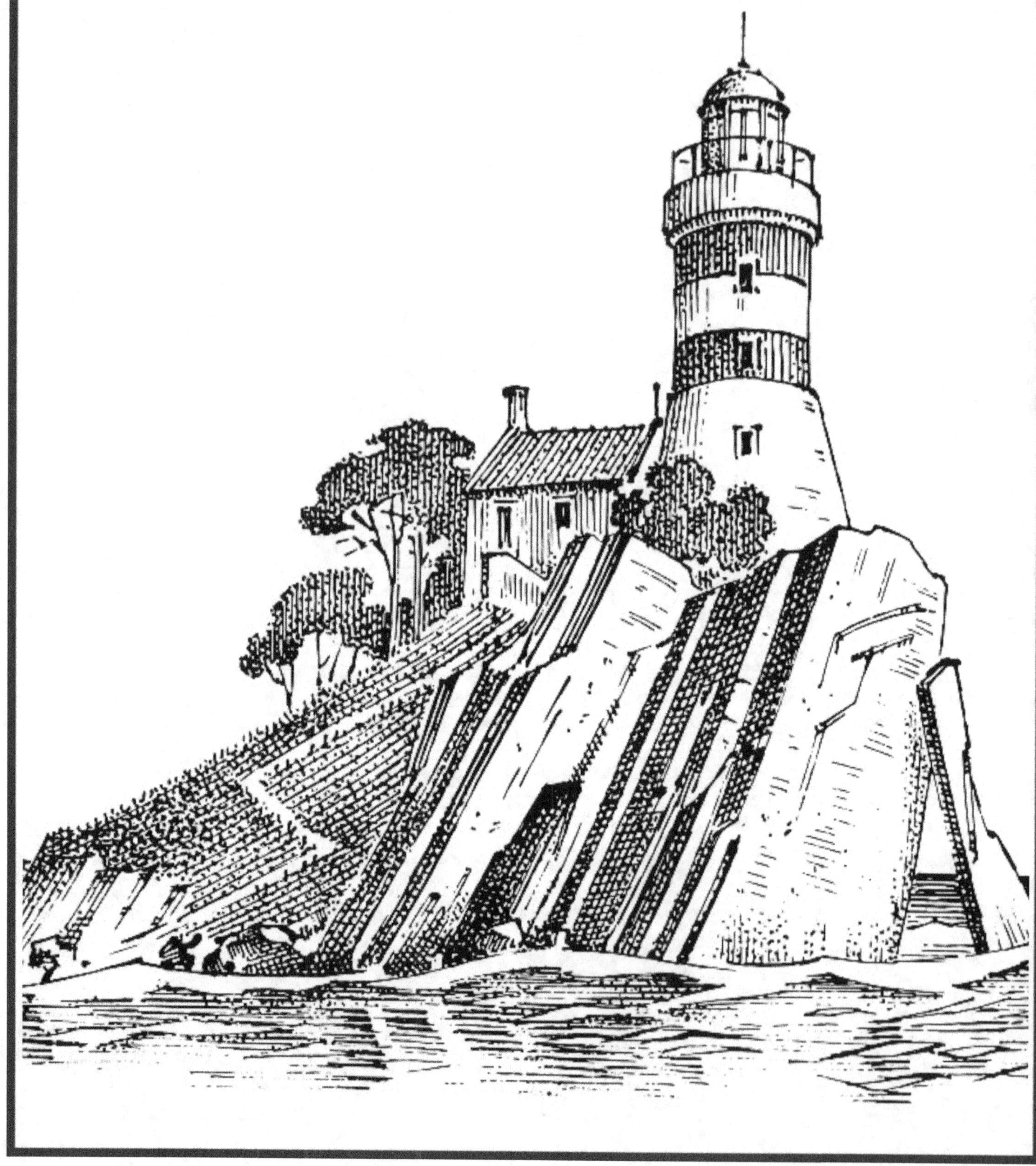

FARO LIBRO DE COLOREAR

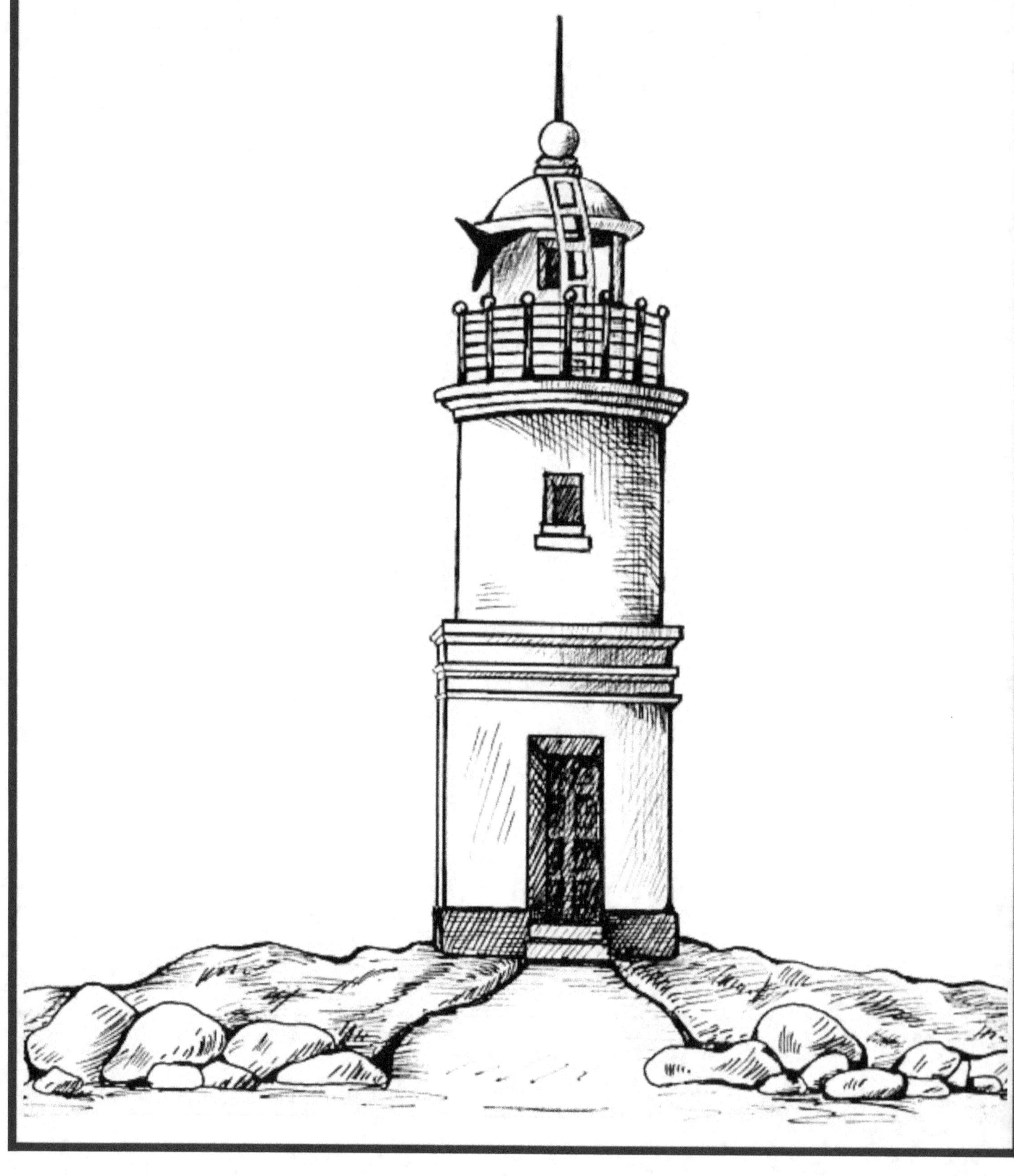

FARO LIBRO DE COLOREAR

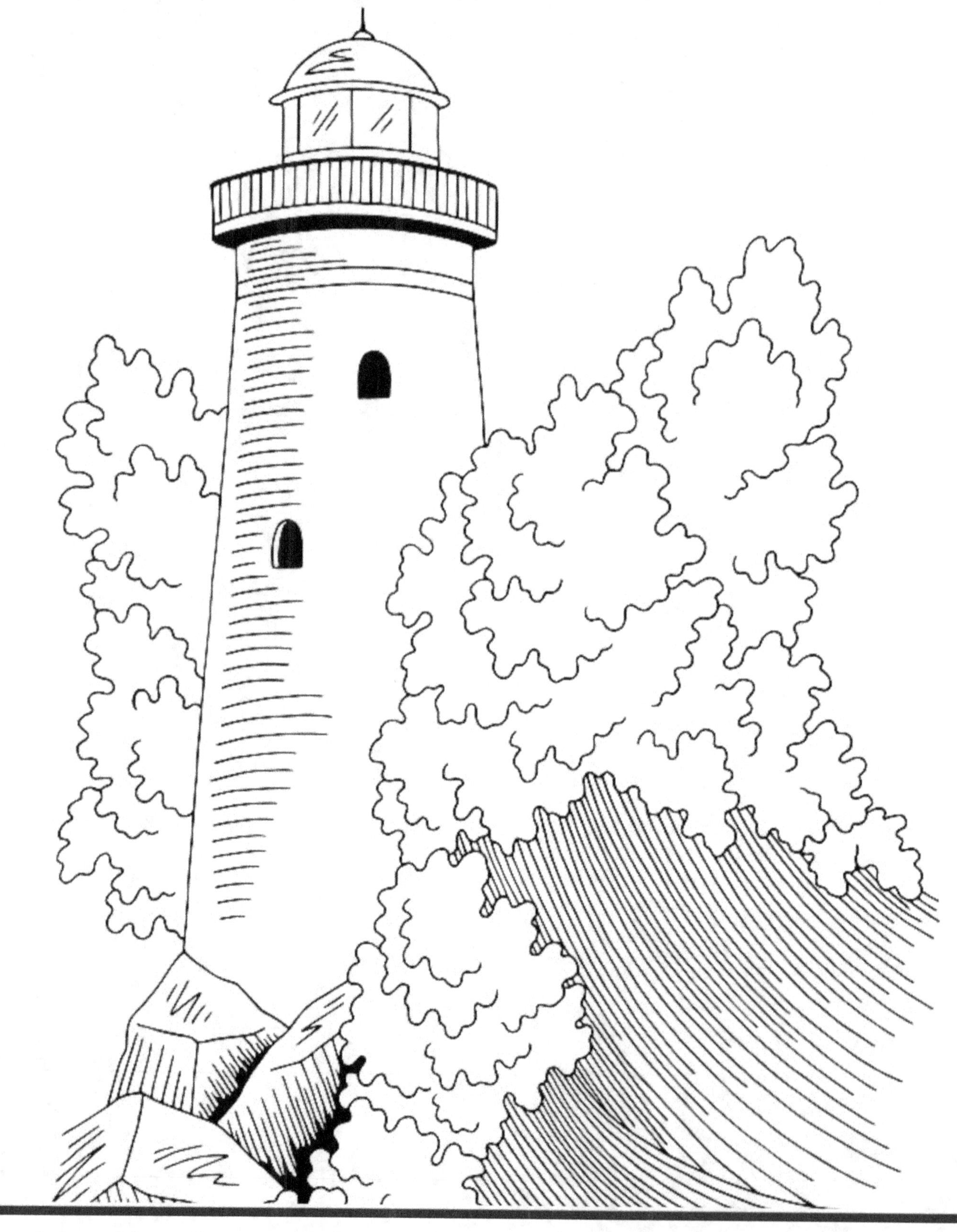

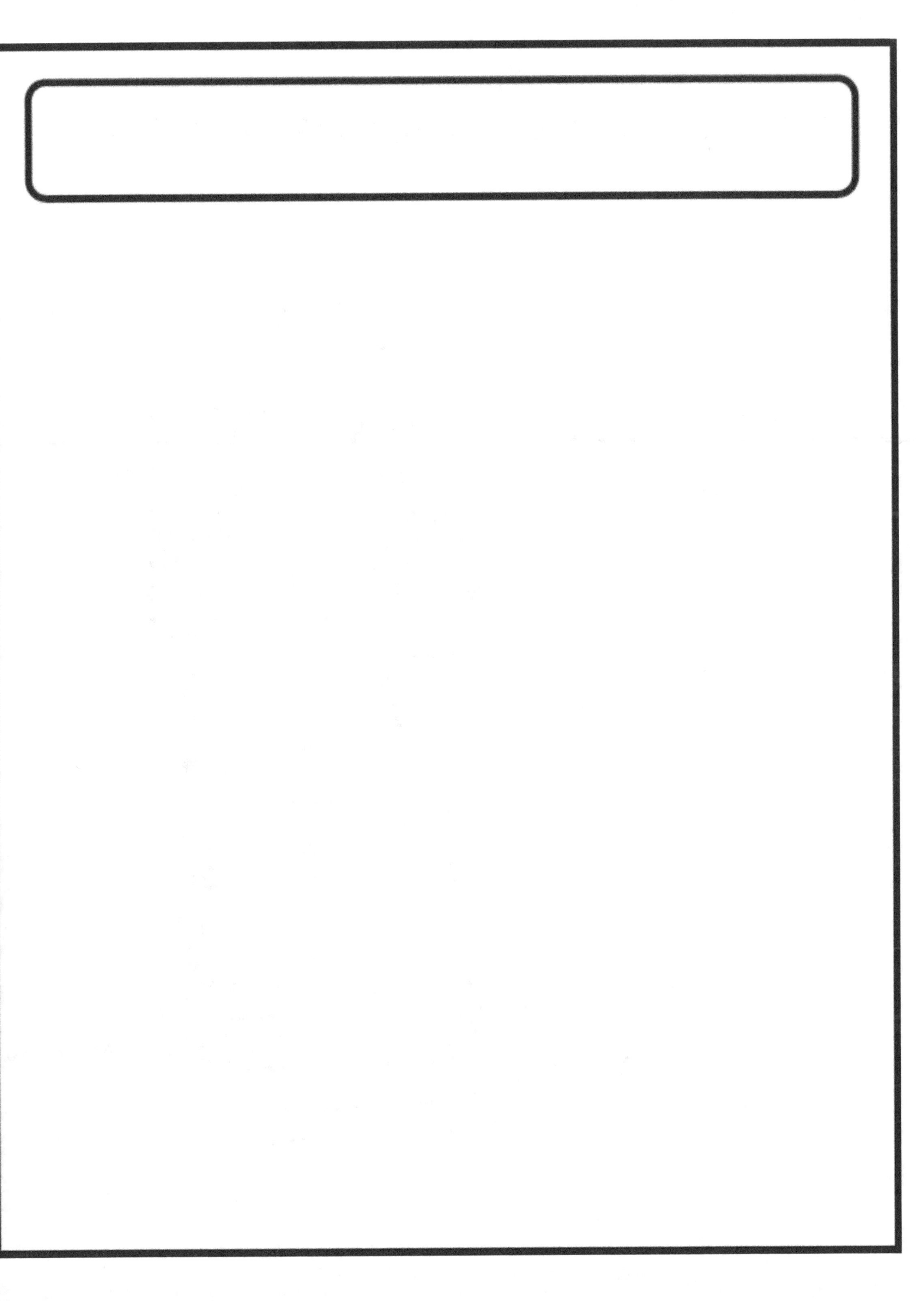

FARO LIBRO DE COLOREAR

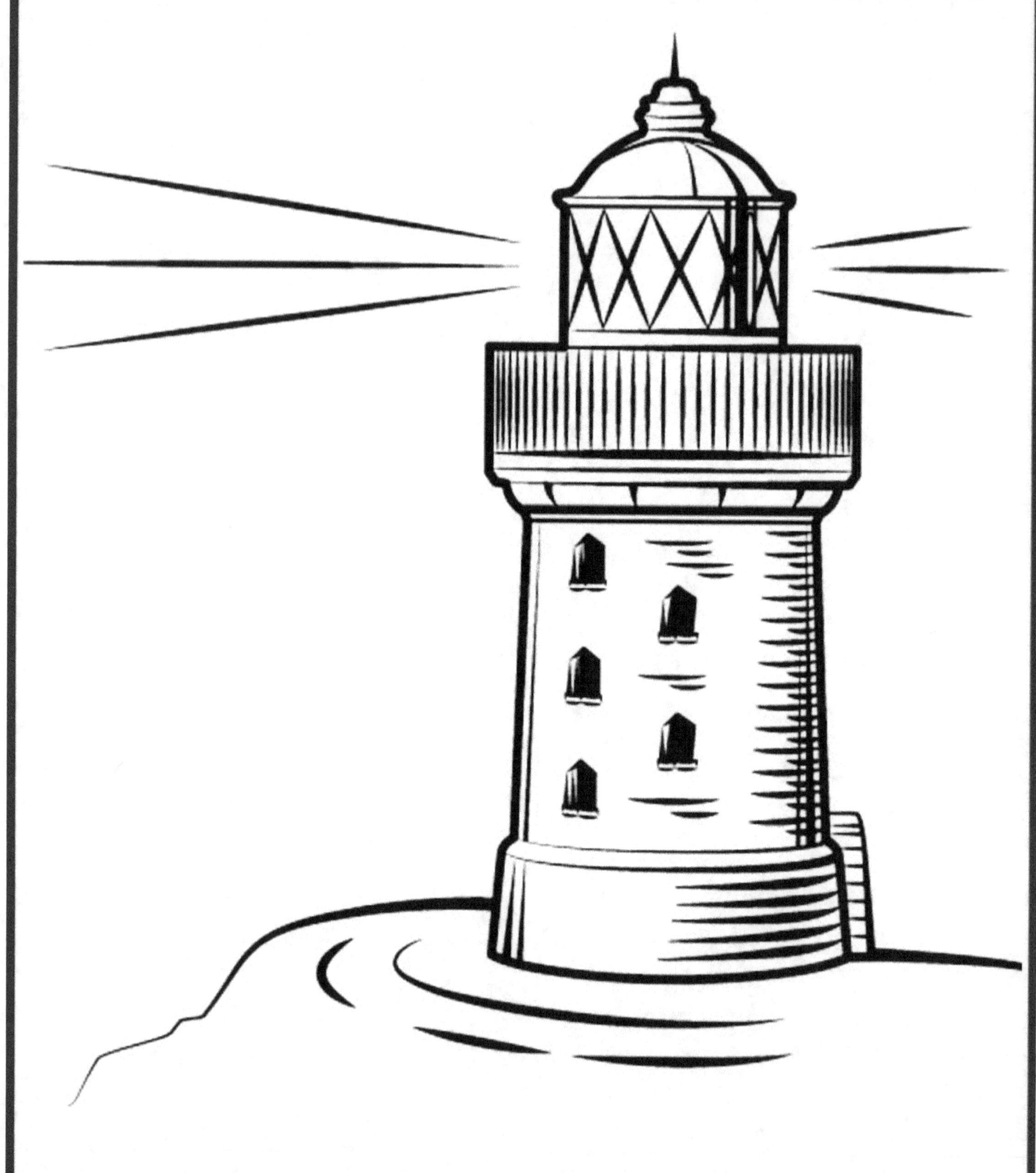

FARO LIBRO DE COLOREAR

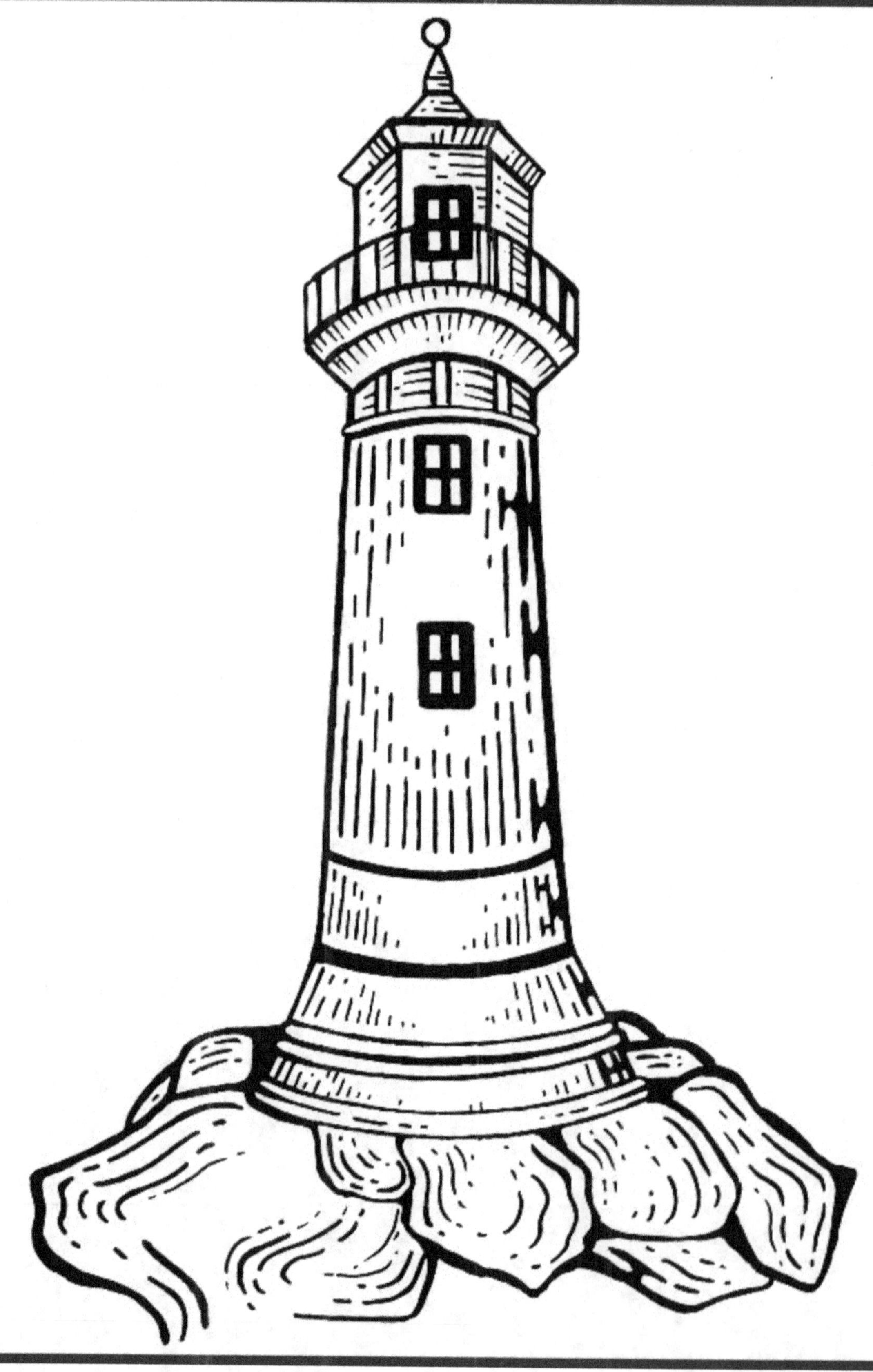

FARO LIBRO DE COLOREAR

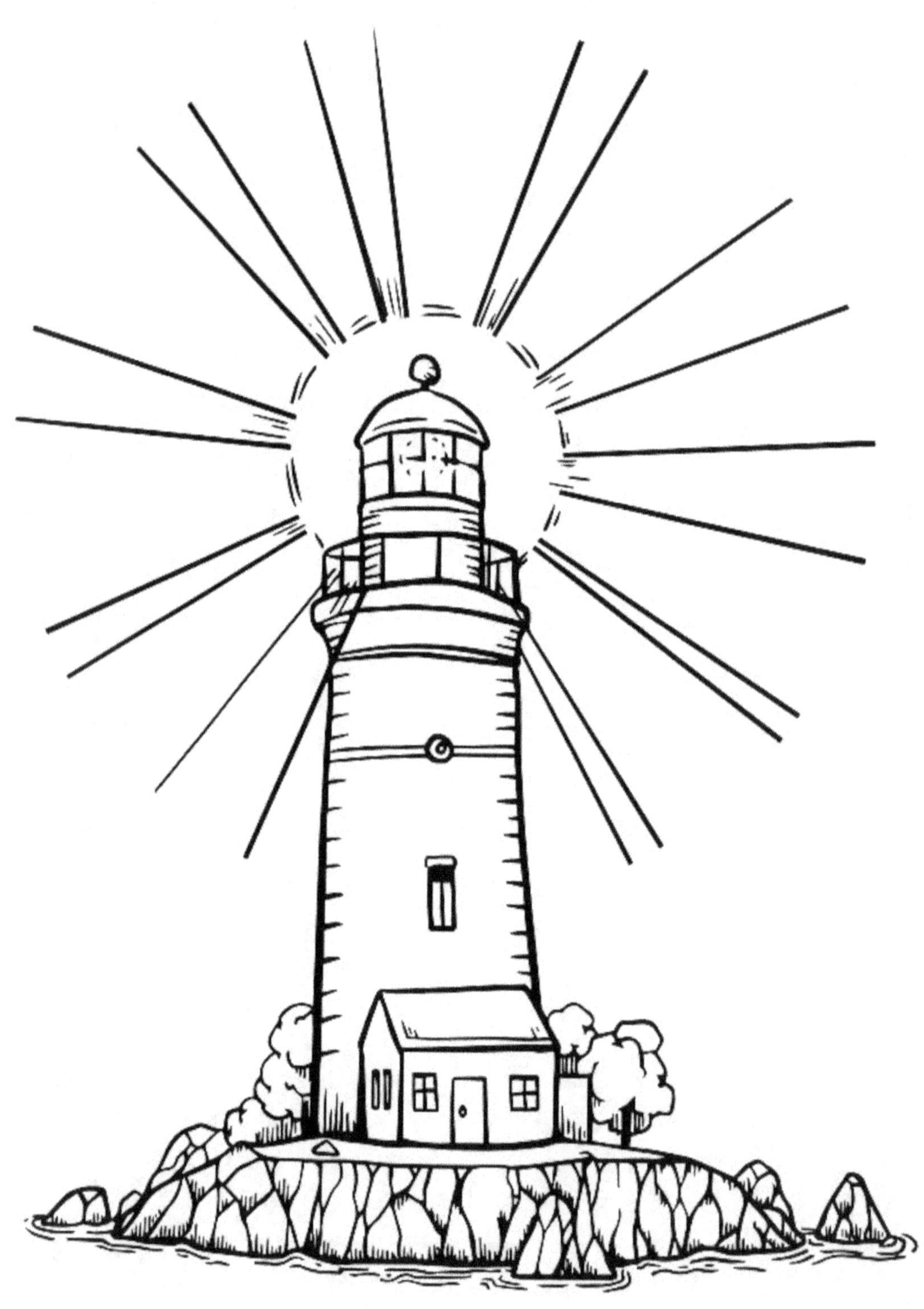

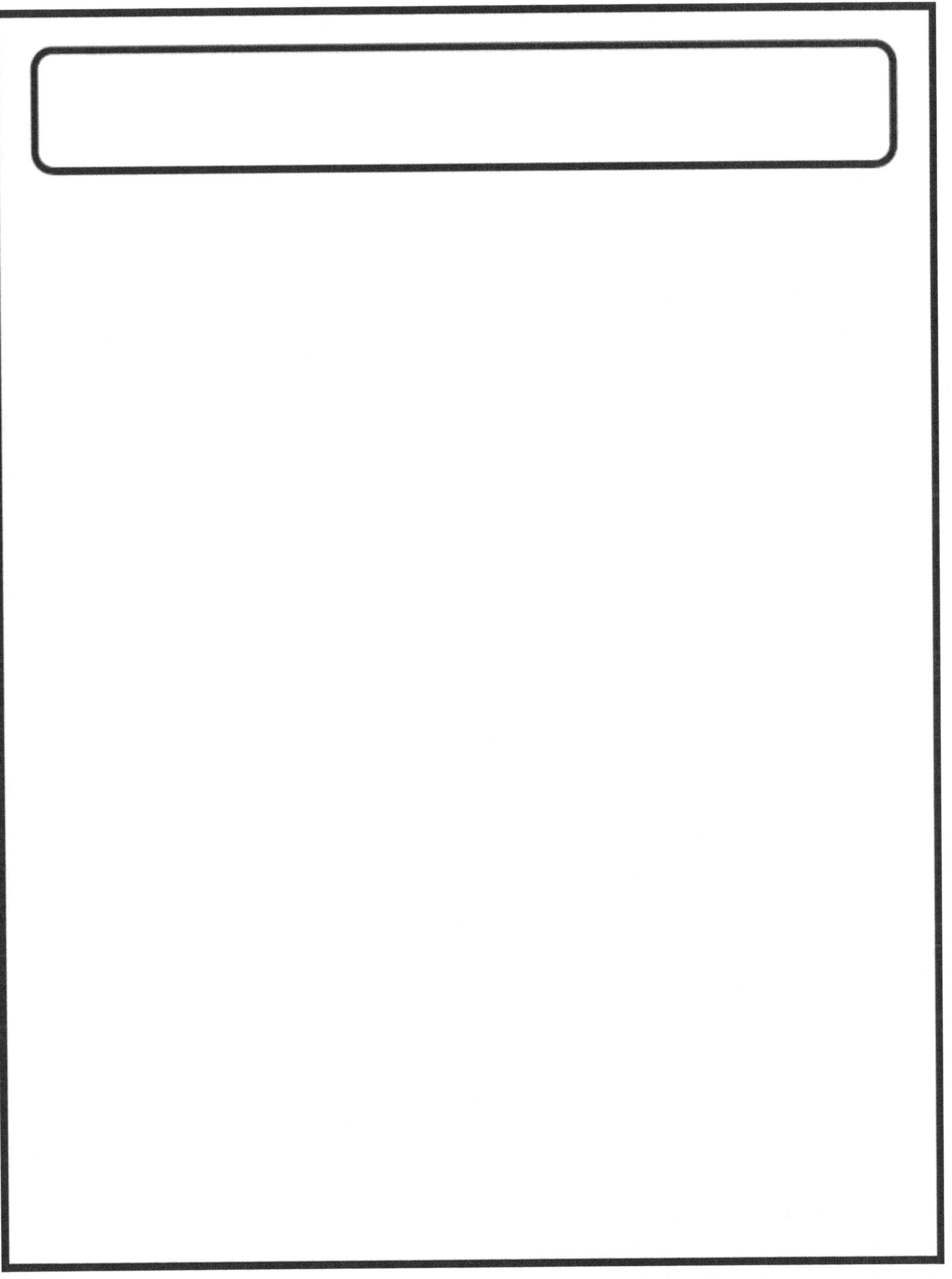